Espaces littéraires

À la recherche du bonheur

Anthologie de nouvelles françaises

Anna Gavalda, Éric-Emmanuel Schmitt,
Tahar Ben Jelloun

Espaces littéraires | À la recherche du bonheur
Anthologie de nouvelles françaises
Anna Gavalda, Éric-Emmanuel Schmitt, Tahar Ben Jelloun

Herausgeber: Otto-Michael Blume
Vokabelannotationen und Aufgaben: Otto-Michael Blume,
Herta Fidelak, Rita Hochstein-Peschen, Jane Schunke
Verlagsredaktion: Julia Goltz und Yvonne Hildebrandt (Assistenz)
Bildrecherche: Sabrina Battaglini
Umschlaggestaltung: werkstatt für gebrauchsgrafik, Berlin
Layout und technische Umsetzung: Annika Preyhs für Buchgestaltung+, Berlin
Umschlagfoto: Corbis/zefa: © Satchan

Copyright für *Permission, Petites pratiques germanopratines, Cet homme et cette femme, Pendant des années, Le fait du jour, Épilogue* © 1999 Le Dilletante, Paris; *Odette Toulemonde, Wanda Winnipeg* © 2006 Éditions Albin Michel, Paris; *Un fait divers et d'amour, L'amour fou* © 1995 Éditions Seuil, Paris.

Bildquelle: © Collection Christophel (S. 226)

Verwendete Abkürzungen

angl.	anglais	loc.	locution	prov.	proverbe	jmd.	jemand
f.	féminin	m.	masculin	qc	quelque chose	jdm.	jemandem
fam.	familier	mus.	musical	qn	quelqu'un	jdn.	jemanden
lat.	latin	péj.	péjoratif	vulg.	vulgaire	etw.	etwas
lit.	littéraire	pl.	pluriel	vx.	vieux		

www.cornelsen.de

1. Auflage, 2. Druck 2010

Alle Drucke dieser Auflage sind inhaltlich unverändert und können im Unterricht nebeneinander verwendet werden.

© 2008 Cornelsen Verlag, Berlin

Das Werk und seine Teile sind urheberrechtlich geschützt. Jede Nutzung in anderen als den gesetzlich zugelassenen Fällen bedarf der vorherigen schriftlichen Einwilligung des Verlages. Hinweis zu den §§ 46, 52a UrhG: Weder das Werk noch seine Teile dürfen ohne eine solche Einwilligung eingescannt werden und in ein Netzwerk eingestellt oder sonst öffentlich zugänglich gemacht werden. Dies gilt auch für Intranets von Schulen und sonstigen Bildungseinrichtungen.

Druck: CS-Druck CornelsenStürtz, Berlin

ISBN 978-3-464-20320-0

 Inhalt gedruckt auf säurefreiem Papier aus nachhaltiger Forstwirtschaft.

À la recherche du bonheur

5 **Permission** *Anna Gavalda*

26 **Petites pratiques germanopratines** *Anna Gavalda*

42 **Cet homme et cette femme** *Anna Gavalda*

47 **Pendant des années** *Anna Gavalda*

69 **Le fait du jour** *Anna Gavalda*

86 **Épilogue** *Anna Gavalda*

114 **Odette Toulemonde** *Éric-Emmanuel Schmitt*

154 **Wanda Winnipeg** *Éric-Emmanuel Schmitt*

182 **Un fait divers et d'amour** *Tahar Ben Jelloun*

188 **L'amour fou** *Tahar Ben Jelloun*

Annexe

226 **Odette Toulemonde** *L'affiche du film*

227 **À une passante** *Charles Baudelaire*

228 **Lettre à l'auteur** *Bernard Friot*

230 **La vengeance** *Jacques Sternberg*

232 **Qu'est-ce que les « crimes d'honneur » ?**
Amnesty international France

235 **La mobile dépendance**

238 **Mon mec à moi** *Patricia Kaas*

Anna Gavalda
Permission

À chaque fois que je fais quelque chose, je pense à mon frère et à chaque fois que je pense à mon frère, je me rends compte qu'il aurait fait mieux que moi.

Ça fait vingt-trois ans que ça dure.

5 On ne peut pas vraiment dire que ça me rend amer, non, ça me rend juste lucide[1].

Là, par exemple, je suis dans le train corail[2] numéro 1458 en provenance de Nancy. Je suis en permission[3], la première depuis trois mois.

10 Bon, déjà, je fais mon service militaire comme simple grouillot[4] alors que mon frère, lui, il a eu les ÉOR[5], il a toujours mangé à la table des officiers et il rentrait à la maison tous les week-ends. Passons là-dessus.

J'en reviens au train. Quand j'arrive à ma place (que 15 j'avais réservée dans le sens de la marche[6]), il y a une bonne femme assise avec tout son bazar de broderie[7] étalé[8] sur ses genoux. Je n'ose rien lui dire. Je m'assois en face d'elle après avoir balancé mon énorme sac en toile dans le filet à bagages. Dans le compartiment, il y a aussi une fille assez

---

1 lucide: *hier* klarsichtig
2 le train corail: type de train français
3 la permission: *hier* Urlaub (bei der Armee)
4 le grouillot: *fam.* Rekrut
5 ÉOR: Élève Officier de Réserve
6 le sens de la marche: Fahrtrichtung
7 la broderie: Stickerei
8 étaler qc: prendre beaucoup de place pour mettre ses affaires

mignonne qui lit un roman sur les fourmis. Elle a un bouton[1] au coin de la lèvre. Dommage sinon elle est potable[2].

J'ai été m'acheter un sandwich au wagon-restaurant.

Et voilà comment ça se serait passé si ç'avait été mon frère : il aurait fait un grand sourire charmeur à la bonne femme 5 en lui montrant son billet, excusez-moi, madame, écoutez c'est peut-être moi qui suis dans l'erreur mais il me semble que... Et l'autre se serait excusée comme une malade en fourrant[3] tous ses morceaux de fils dans son sac et en se levant précipitamment[4]. 10

Pour le sandwich, il aurait fait un petit scandale auprès du gars en disant qu'à 28 francs[5] quand même, ils pourraient mettre un morceau de jambon un peu plus épais et le serveur avec son gilet[6] noir ridicule, lui aurait changé illico[7] son sandwich. Je le sais, je l'ai déjà vu à l'œuvre. 15

Quant à la fille, c'est encore plus vicieux[8]. Il l'aurait regardée d'une telle manière qu'elle se serait rendu compte très vite qu'elle l'intéressait.

Mais elle aurait su exactement en même temps qu'il avait remarqué son petit furoncle[9]. Et là, elle aurait eu du mal à 20 se concentrer sur ses fourmis et elle aurait pas trop fait la bêcheuse[10] au cas où.

Ça c'est s'il avait eu l'intention de s'intéresser à elle.

---

1 le bouton: Pickel
2 (l'eau *f.*) potable: l'eau qu'on peut boire, *ici* acceptable
3 fourrer qc: mettre vite ses affaires dans un sac
4 précipitamment: très, très vite
5 28 francs français équivalaient à environ quatre euros
6 le gilet: une sorte de veste *f.*
7 illico: *lat.* tout de suite
8 vicieux/-euse: tückisch, bösartig
9 le furoncle: le bouton
10 faire la bêcheuse: *fam.* sich zieren

Parce que, de toute façon, les sous-offs[1] voyagent en première[2] et, en première, c'est pas dit que les filles aient des boutons.

Moi je n'ai pas pu savoir si cette minette[3] était sensible[4] à mes rangers[5] et à ma boule à zéro[6] car je me suis endormi presque tout de suite. Ils nous avaient encore réveillés à quatre heures ce matin pour nous faire faire une manœuvre à la con[7].

Marc, mon frère, il a fait son service après ses trois ans de prépa[8] et avant de commencer son école d'ingénieur. Il avait vingt ans.

Moi, je le fais après mes deux années de BTS[9] et, avant de commencer à chercher du boulot dans l'électronique. J'en ai vingt-trois.

D'ailleurs, c'est mon anniversaire demain. Ma mère a insisté pour que je rentre. J'aime pas tellement les anniversaires, on est trop grand maintenant. Mais bon, c'est pour elle.

Elle vit seule depuis que mon père s'est barré[10] avec la voisine le jour de leurs dix-neuf ans de mariage. Symboliquement on peut dire que c'était fort.

---

1 le sous-off: *fam.* le sous-officier
2 en première: *ici* en première classe (de train)
3 la minette: *fam.* Mieze, Puppe (für ein Mädchen)
4 être sensible à qc: *ici* s'intéresser pour qc
5 le ranger: *angl.* Springerstiefel
6 la boule à zéro: *fam.* Glatzkopf, rasierter Kopf
7 la manœuvre à la con: *vulg.* Scheißmanöver (con/ne: *vulg.* idiot/e)
8 la prépa: la classe préparatoire (cours qu'il faut passer avant d'entrer dans les Grandes Écoles)
9 le BTS: le Brevet de Technicien Supérieur (deux ans d'études après le bac)
10 se barrer: *fam.* s'en aller, filer, partir sans rien dire

J'ai du mal à comprendre pourquoi elle ne s'est pas remise avec quelqu'un. Elle aurait pu et même, elle pourrait encore mais… je ne sais pas. Avec Marc on en a parlé une seule fois et on était d'accord, on pense que maintenant elle a peur. Elle ne veut plus risquer d'être à nouveau abandonnée. A un moment, on la titillait[1] pour qu'elle s'inscrive dans un truc de rencontres mais elle a jamais voulu.

Depuis, elle a recueilli[2] deux chiens et un chat alors tu penses… avec une ménagerie pareille, c'est carrément[3] mission impossible pour trouver un mec bien.

On habite dans l'Essonne[4] près de Corbeil, un petit pavillon[5] sur la Nationale 7. Ça va, c'est calme. Mon frère, il ne dit jamais un pavillon, il dit une maison. Il trouve que le mot pavillon, ça fait plouc[6]. Mon frère ne s'en remettra[7] jamais de ne pas être né à Paris.

Paris. Il n'a que ce mot-là à la bouche. Je crois que le plus beau jour de sa vie c'est quand il s'est payé sa première carte orange[8] cinq zones. Pour moi, Paris ou Corbeil, c'est kif-kif[9].

Un des rares trucs que j'ai retenu de l'école c'est la théorie d'un grand philosophe de l'Antiquité qui disait que l'important, ce n'est pas le lieu où on se trouve, c'est l'état d'esprit dans lequel on est.

---

1   titiller qn: *ici* parler beaucoup avec qn pour le convaincre de qc
2   recueillir qn/qc: *ici* loger qn chez soi
3   carrément: geradezu, rundweg, glatt
4   l'Essonne *f.*: département au sud de Paris
5   le pavillon: une petite maison
6   plouc: *péj. fam.* doof, hinterwäldlerisch
7   se remettre de qc: etw. verwinden, gesunden
8   la carte orange: carte mensuelle des transports publics dans la région parisienne
9   c'est kif-kif: *fam. arab.* c'est pareil

Je me souviens qu'il écrivait ça à un de ses copains qui avait le bourdon[1] et qui voulait voyager. L'autre lui disait grosso modo[2] que c'était pas la peine étant donné qu'il allait se trimballer[3] son paquet d'emmerdements[4] avec lui. Le jour où le prof nous a raconté ça, ma vie a changé.

C'est une des raisons pour laquelle j'ai choisi un métier dans le manuel.

Je préfère que ce soit mes mains qui réfléchissent. C'est plus simple.

À l'armée, tu rencontres un beau ramassis[5] d'abrutis[6]. Je vis avec des mecs dont j'aurais jamais eu idée avant. Je dors avec eux, je fais ma toilette avec eux, je bouffe[7] avec eux, je fais le gugus[8] avec eux quelquefois même, je joue aux cartes avec eux et pourtant, tout en eux me débecte[9]. C'est pas la question d'être snob ou quoi, c'est simplement que ces mecs-là n'ont rien. Je ne parle pas de la sensibilité, non, ça c'est comme une insulte[10], je parle de peser quelque chose. Je vois bien que je m'explique mal mais je me comprends, si tu prends un de ces gars et que tu le poses sur une balance, évidemment t'auras son poids mais en vrai, il ne pèse rien…

Y a rien en eux que tu pourrais considérer comme de la matière. Comme des fantômes, tu peux passer ton bras à

---

1   avoir le bourdon: être très triste, être déprimé/e
2   grosso modo: *lat.* à peu près
3   se trimballer: *fam. ici* prendre avec soi
4   l'emmerdement *m.*: *fam.* l'ennui *m.*, le problème
5   le ramassis: *fam.* beaucoup de
6   l'abruti *m.*: l'idiot/e
7   bouffer qc: *fam.* manger qc.
8   faire le gugus: *fam.* s'amuser
9   débecter qn: *fam.* jdn. ankotzen / anwidern
10   l'insulte *f.*: Beleidigung

travers leur corps et tu touches que du vide bruyant[1]. Eux, ils te diront que si tu passes ton bras à travers leur corps, tu risques surtout de t'en prendre une[2]. Ouarf ouarf[3].

Au début, j'avais des insomnies[4] à cause de tous ces gestes et de toutes leurs paroles incroyables et puis maintenant, je m'y suis habitué. On dit que l'armée, ça vous change un homme, personnellement l'armée m'aura rendu encore plus pessimiste qu'avant.

Je suis pas près de croire en Dieu ou en un Truc Supérieur parce que c'est pas possible d'avoir créé exprès ce que je vois tous les jours à la caserne de Nancy-Bellefond.

C'est marrant[5], je me rends compte que je cogite[6] plus quand je suis dans le train ou le RER... Comme quoi[7] l'armée a quand même du bon...

Quand j'arrive à la gare de l'Est, j'espère toujours secrètement qu'il y aura quelqu'un pour m'attendre. C'est con. J'ai beau[8] savoir que ma mère est encore au boulot à cette heure-là et que Marc est pas du genre à traverser la banlieue pour porter mon sac, j'ai toujours cet espoir débile[9].

Là encore, ça n'a pas loupé[10], avant de descendre les escalators[11] pour prendre le métro, j'ai jeté un dernier regard

---

1 bruyant/e: qui fait du bruit
2 en prendre une: *fam.* recevoir une claque / une baffe, être battu/e
3 ouarf!: haha!
4 l'insomnie *f.*: Schlaflosigkeit
5 marrant/e: *fam.* bizarre
6 cogiter: réfléchir
7 comme quoi: *fam.* donc, alors
8 avoir beau faire qc.: etw. noch so sehr tun können
9 débile: bête, idiot/e
10 ça n'a pas loupé: *fam.* das musste ja so kommen
11 l'escalator *m.*: *angl.* Rolltreppe

circulaire au cas où y aurait quelqu'un... Et à chaque fois dans les escalators, mon sac me paraît encore plus lourd.

Je voudrais que quelqu'un m'attende quelque part... C'est quand même pas compliqué.

Bon allez, il est temps que je rentre à la maison et qu'on se fasse une bonne baston[1] avec Marco parce que là, je commence à cogiter un peu trop et je vais péter une durit[2]. En attendant je vais m'en griller une[3] sur le quai. C'est interdit je sais, mais qu'ils y viennent me chercher des embrouilles[4] et je leur dégaine[5] ma carte militaire.

Je travaille pour la Paix moî, Mônsieur[6] ! Je me suis levé à quatre heures du matin pour la France moî, Mâdame.

Personne à la gare de Corbeil... ça c'est plus raide[7]. Ils ont peut-être oublié que j'arrivais ce soir...

Je vais y aller à pied. J'en ai trop marre des transports en commun. C'est de tous les trucs en commun que j'en ai marre je crois.

Je croise des mecs du quartier avec qui j'étais à l'école. Ils n'insistent pas pour me serrer la main, c'est sûr, un bidasse[8], ça craint.

Je m'arrête au café qui est à l'angle de ma rue. Si j'avais passé moins de temps dans ce café, probable que j'aurais

---

1 la baston: *fam.* la bagarre, l'action *f.* de se battre
2 péter une durit: *fam.* Sicherung durchbrennen lassen
3 s'en griller une: *fam.* fumer une cigarette
4 l'embrouille *f.*: Ärger
5 dégainer qc: *ici* montrer qc
6 moî/Mônsieur: *orthographe qui exprime la manière exagérée de prononcer les mots*
7 raide: *fam.* étonnant/e, surprenant/e
8 le bidasse: *fam.* un simple soldat qui fait son service militaire

pas le risque de pointer à l'ANPE[1] dans six mois. À une époque, j'étais plus souvent derrière ce flipper que sur les bancs du collège... J'attendais cinq heures et quand les autres déboulaient[2], ceux qui s'étaient tapé le baratin[3] des profs toute la journée, je leur revendais mes parties gratuites. Pour eux c'était une bonne affaire : ils payaient moitié prix et avaient une chance d'inscrire leurs initiales sur le tableau d'honneur[4].

Tout le monde était content et je m'achetais mes premiers paquets de clopes[5]. Je te jure qu'à ce moment-là je croyais que j'étais le roi. Le roi des cons oui.

Le patron me dit :

— Alors ?... toujours l'armée ?

— Ouais.

— C'est bien ça !

— Ouais...

— Viens donc me voir un soir après la fermeture qu'on cause tous les deux... faut dire que moi, j'étais dans la Légion[6] et c'était quand même aut'chose... On nous aurait jamais laissé sortir comme ça pour un oui ou pour un non[7]... ça j'te l'dis.

Et c'est parti au comptoir pour refaire la guerre avec des souvenirs d'alcoolos[8].

La Légion...

➼ *voir Sujets d'étude A, p. 25*

---

1   pointer à l'ANPE: *ici* se rendre à l'ANPE (l'Agence Nationale Pour l'Emploi) parce qu'on n'a pas de travail
2   débouler: *fam.* apparaître, arriver
3   se taper le baratin: *fam.* écouter ce que les professeurs racontent sans s'y intéresser
4   le tableau d'honneur *m.*: *ici* la liste de ceux qui gagnent le maximum de points
5   la clope: *fam.* la cigarette
6   la Légion: la Légion étrangère (Fremdenlegion)
7   pour un oui ou pour un non: sans raison précise
8   l'alcoolo *m./f.*: *fam.* l'alcoolique *m./f.*

Je suis fatigué. J'en ai plein le dos de ce sac qui me cisaille[1] l'épaule et le boulevard n'en finit pas. Quand j'arrive devant chez moi le portail[2] est fermé. Putain c'est le comble[3]. J'ai comme une envie de chialer[4] là.

Je suis debout depuis quatre heures du mat'[5], je viens de traverser la moitié du pays dans des wagons qui puent et maintenant, il serait peut-être temps de me lâcher la grappe[6] vous croyez pas ?

Les chiens m'attendaient. Entre Bozo qui hurle[7] de joie à la mort et Micmac qui fait des bonds[8] de trois mètres... c'est la fête : On peut dire que *ça* c'est de l'accueil !

Je jette mon sac par dessus bord et je fais le mur comme au temps des mobylettes. Mes deux chiens me sautent dessus et, pour la première fois depuis des semaines, je me sens mieux. Alors comme ça, y'en a quand même, des êtres vivants qui m'aiment et qui attendent après moi sur cette petite planète. Venez là mes trésors[9]. Oh oui, t'es beau toi, oh oui t'es beau...

La maison est éteinte.

Je pose mon sac à mes pieds sur le paillasson[10], je l'ouvre et je pars à la recherche de mes clefs qui sont tout au fond sous des kilos de chaussettes sales.

---

1 cisailler qn: *ici* faire mal à qn
2 le portail: la porte qui donne au jardin / à la cour
3 putain c'est le comble!: *fam.* das ist ja wohl die Höhe!
4 chialer: *fam.* pleurer
5 le mat': *fam.* le matin
6 lâcher la grappe: *fam.* laisser qn tranquille
7 hurler: faire du bruit
8 le bond: Sprung
9 le trésor: le/la chéri/e
10 le paillasson: Fußmatte, Fußabtreter

Les chiens me précèdent et je vais pour allumer le couloir… plus de courant[1].

Hé merrrrde. Hé merde.

À ce moment-là j'entends cet enfoiré [2] de Marc qui dit :

— Eh tu pourrais être poli devant tes invités.

Il fait toujours noir. Je lui réponds :

— Qu'est-ce que c'est que ces conneries ?…

— Non mais t'es incorrigible[3] deuxième classe[4] Bricard. Plus de gros mots on te dit. On n'est pas à la caserne de Ploucville[5] ici, alors tu surveilles ton langage sinon je ne rallume pas.

Et il rallume.

Manquait plus que ça. Tous mes potes[6] et la famille qui sont là dans le salon avec un verre à la main en train de chanter « Joyeux Anniversaire » sous des guirlandes.

Ma mère me dit :

— Mais pose ton sac, mon grand. Et elle m'apporte un verre.

C'est la première fois qu'on me fait un truc pareil. Je ne dois pas être beau à voir avec ma tête d'ahuri[7]. Je vais serrer la main à tout le monde et embrasser ma grand-mère et mes tantes.

Quand j'arrive vers Marc, je vais pour lui filer une baffe[8] mais il est avec une fille. Il la tient par la taille. Et moi, au premier regard, je sais déjà que je suis amoureux d'elle.

---

1 le courant: *ici* l'électricité *f.*
2 l'enfoiré *m.*: *vulg.* Blödmann, Arschloch
3 incorrigible: ce qu'on ne peut pas corriger
4 être deuxième classe: *ici* être (simple) soldat
5 Ploucville: *péj.* pour une ville / un village quelconque, *etwa* Hinterposemuckel
6 le pote: *fam.* le copain, l'ami
7 ahuri/e: étonné/e sans savoir quoi dire
8 filer une baffe à qn: *fam.* jdm. eine Ohrfeige verpassen

Je lui donne un coup de poing dans l'épaule et en la désignant du menton, je demande à mon frère :

— C'est mon cadeau ?

— Rêve pas, ducon[1], il me répond.

5 Je la regarde encore. Il y a comme un truc qui fait le mariole[2] dans mon ventre. J'ai mal et elle est belle.

— Tu la reconnais pas ?

— Non.

— Mais si c'est Marie, la copine de Rebecca…

10 — ???

Elle me dit :

— On était ensemble en colo[3]. Aux Glénans[4], tu te souviens pas ?…

— Nan, désolé. Je secoue la tête et je les laisse en plan[5].

15 Je vais me servir un truc à boire.

Tu parles si je m'en souviens. Le stage de voile, j'en cauchemarde[6] encore. Mon frère toujours premier, le chouchou[7] des monos[8], bronzé, musclé, à l'aise. Il lisait le bouquin[9] la nuit et il avait tout compris une fois à bord.

20 Mon frère qui se mettait au trapèze et qui giclait[10] en hurlant au-dessus des vagues. Mon frère qui ne dessalait[11] jamais. Toutes ces filles avec leurs yeux de merlans frits[12] et leurs petits seins[13] qui ne pensaient qu'à la boum du dernier soir.

---

1   ducon: *fam.* l'idiot/e
2   faire le mariole: *fam. ici* commencer à bouger, à se faire remarquer
3   la colo: *fam.* la colonie de vacances
4   les Glénans: des îles *f.* en Bretagne (*ici* l'école *f.* de voile *f.*)
5   laisser en plan qn: jdn. stehenlassen
6   cauchemarder: faire de mauvais rêves (→ le cauchemar)
7   le chouchou: la personne préférée
8   le mono: *fam.* le moniteur (Aufsichtsperson, Trainer)
9   le bouquin: *fam.* le livre
10   gicler au dessus des vagues: glisser sur l'eau *f.*
11   dessaler: *fam.* kentern
12   faire des yeux de merlans frits: *fam.* glotzen, Stilaugen machen
13   les seins *m. pl.*: Brüste

Toutes ces filles qui avaient marqué leur adresse au feutre sur son bras dans le car pendant qu'il faisait semblant de dormir. Et celles qui pleuraient devant leurs parents en le voyant s'éloigner vers notre 4L[1] familiale.

Et moi... Moi qui avais le mal de mer[2].

Marie je m'en souviens très bien. Un soir, elle racontait aux autres qu'elle avait surpris un couple d'amoureux en train de se bécoter[3] sur la plage et qu'elle entendait le bruit du slip de la fille qui claquait.

— Comment ça faisait ? je lui ai demandé pour la mettre mal à l'aise.

Et elle, en me regardant droit dans les yeux, elle, pince[4] sa culotte à travers le tissu de sa robe, elle l'écarte[5] et elle la lâche.

Clac.

— Comme ça, elle me répond en me regardant toujours.

J'avais onze ans.

Marie.

Tu parles que je m'en souviens. Clac.

Plus la soirée avançait, moins je voulais parler de l'armée. Moins je la regardais, plus j'avais envie de la toucher.

Je buvais trop. Ma mère m'a lancé un regard méchant.

Je suis allé dans le jardin avec deux ou trois copains du BTS. On parlait des cassettes qu'on avait l'intention de louer et des voitures qu'on ne pourrait jamais s'acheter. Michaël avait installé une super sono[6] dans sa 106[7].

---

1   la 4L: la Renault 4
2   avoir le mal de mer: seekrank sein
3   se bécoter: *fam.* s'embrasser très intensément
4   pincer qn/qc: jmd./etw. kneifen
5   écarter qc: *ici* tirer qc
6   la super sono: la très bonne chaîne hifi
7   la 106: la Peugeot 106

Presque dix mille balles[1] pour écouter de la techno…

Je me suis assis sur le banc en fer. Celui que ma mère me demande de repeindre tous les ans. Elle dit que ça lui rappelle le jardin des Tuileries.

5 Je fumais une cigarette en regardant les étoiles. J'en connais pas beaucoup. Alors dès que j'ai l'occasion, je les cherche. J'en connais quatre.

Encore un truc du livre des Glénans que j'ai pas retenu.

Je l'ai vue arriver de loin. Elle me souriait. Je regardais
10 ses dents et la forme de ses boucles d'oreille. En s'asseyant à côté de moi, elle m'a dit :

— Je peux ?

Je n'ai rien répondu parce que j'avais de nouveau mal au bide[2].

15 — C'est vrai que tu te souviens pas de moi ?

— Non c'est pas vrai.

— Tu t'en souviens ?

— Oui.

— Tu te souviens de quoi ?

20 — Je me souviens que t'avais dix ans, que tu mesurais 1 mètre 29, que tu pesais 26 kilos et que t'avais eu les oreillons[3] l'année d'avant, je m'en souviens de la visite médicale. Je me souviens que t'habitais à Choisy-le-Roi et à l'époque ça m'aurait coûté 42 francs[4] de venir te voir en
25 train. Je me souviens que ta mère s'appelait Catherine et ton père Jacques. Je me souviens que t'avais une tortue[5] d'eau qui s'appelait Candy et ta meilleure copine avait un

---

1 10 000 balles: *fam.* 10 000 francs français équivalaient
       à environ 1500 euros
2 avoir mal au bide: *fam.* avoir mal au ventre
3 les oreillons *m. pl.*: Mumps, Ziegenpeter
4 42 francs français équivalaient à environ six euros
5 la tortue: Schildkröte

cochon d'Inde qui s'appelait Anthony. Je me souviens que tu avais un maillot de bain vert avec des étoiles blanches et ta mère t'avait même fait un peignoir[1] avec ton nom brodé[2] dessus. Je me souviens que tu avais pleuré un matin parce qu'il n'y avait pas de lettres pour toi. Je me souviens que tu t'étais collé des paillettes sur les joues le soir de la boum et qu'avec Rebecca, vous aviez fait un spectacle sur la musique de Grease[3]...

— Oh là là, mais c'est pas croyable la mémoire que t'as !!!

Elle est encore plus belle quand elle rit. Elle se penche en arrière. Elle passe ses mains sur ses bras pour les réchauffer.

— Tiens, je lui dis en enlevant mon gros pull.

— Merci... mais toi ? Tu vas avoir froid ?!

— T'inquiète pas pour moi va[4].

Elle me regarde autrement. N'importe quelle fille aurait compris ce qu'elle a compris à ce moment-là.

— De quoi d'autre tu te souviens ?

— Je me souviens que tu m'as dit un soir devant le hangar[5] des Optimists que tu trouvais que mon frère était un crâneur[6]...

— Oui c'est vrai je t'ai dit ça et tu m'as répondu que c'était pas vrai.

— Parce que c'est pas vrai. Marc fait des tas de trucs facilement mais il ne crâne pas. Il le fait, c'est tout.

---

1 le peignoir: Bademantel
2 broder: sticken
3 Grease: une comédie musicale américaine très à la mode dans les années 80
4 va!: laisse tomber!
5 le hangar: (Boots)Schuppen
6 le/la crâneur/-euse: Angeber/in

— T'as toujours défendu ton frère.

— Ouais c'est mon frère. D'ailleurs toi non plus, tu lui trouves plus tellement de défauts en ce moment, non ?

Elle s'est levée, elle m'a demandé si elle pouvait garder mon pull.

Je lui ai souri aussi. Malgré le marécage de bouillasse[1] et de misère dans lequel je me débattais[2], j'étais heureux comme jamais.

Ma mère s'est approchée alors que j'étais encore en train de sourire comme un gros niais[3]. Elle m'a annoncé qu'elle partait dormir chez ma grand-mère, que les filles devaient dormir au premier et les garçons au second…

— Hé maman on n'est plus des gamins[4], c'est bon…

— Et tu n'oublies pas de vérifier que les chiens sont bien à l'intérieur avant de fermer et tu…

— Hé maman…

— Tu permets que je m'inquiète, vous buvez tous comme des trous et toi, tu as l'air complètement saoul[5]…

— On ne dit pas saoul dans ce cas-là maman, on dit « parti »[6]. Tu vois, je suis parti…

Elle s'est éloignée en haussant les épaules.

— Mets au moins quelque chose sur ton dos, tu vas attraper la mort.

➽ *voir Sujets d'étude B, p. 25*

---

1 le marécage de bouillasse: *fam. etwa* Drecksumpf
2 se débattre: se débrouiller, s'arranger
3 le/la niais/e: l'idiot/e
4 le/la gamin/e: l'enfant *m./f.*
5 saoul/e: quand on a trop bu, ivre
6 être parti/e: *fam.* einen sitzen haben, angeheitert sein

J'ai fumé trois cigarettes de plus pour me laisser le temps de
réfléchir et je suis allé voir Marc.

— Hé…

— Quoi ?

— Marie…

— Quoi ?

— Tu me la laisses.

— Non.

— Je vais te casser la gueule.

— Non.

— Pourquoi ?

— Parce que ce soir, tu as trop bu et que j'ai besoin d'avoir
ma petite gueule d'ange lundi pour le boulot.

— Pourquoi ?

— Parce que je présente un exposé sur l'incidence[1] des
fluides[2] dans un périmètre acquis[3].

— Ah ?

— Ouais.

— Désolé.

— Y a pas de quoi.

— Et pour Marie ?

— Marie ? Elle est pour moi.

— Pas sûr.

— Qu'est-ce que t'en sais ?

— Ah ! ça… C'est le sixième sens du soldat qui sert dans
l'artillerie.

— Mon cul[4] oui.

— Écoute, je suis coincé[5] là, je peux rien essayer. C'est

---

1 l'incidence f.: l'effet m.
2 le fluide: le liquide
3 le périmètre acquis: *ici* sous des conditions précises
4 mon cul: *vulg.* dass ich nicht lache
5 être coincé/e: in der Klemme sein

comme ça, je suis con, je sais. Alors on trouve une solution au moins pour ce soir OK ?

— Je réfléchis…

— Dépêche-toi, après je serai trop fait[1].

— Au baby[2]…

— Quoi ?

— On la joue au baby.

— C'est pas très galant.

— Ça restera entre nous, monsieur le gentleman de mes fesses[3] qui essaye de piquer[4] les nanas[5] des autres.

— D'accord. Mais quand ?

— Maintenant. Au sous-sol.

— Maintenant ??!

— *Yes sir.*

— J'arrive, je vais me faire un bol de café.

— Tu m'en fais un aussi s'te plaît…

— Pas de problème. Je vais même pisser dedans.

— Crétin[6] de militaire.

— Va t'échauffer. Va lui dire adieu.

— Crève.

— C'est pas grave, va, je la consolerai.

— Compte là-dessus.

On a bu nos cafés brûlants au-dessus de l'évier[7]. Marc est descendu le premier. Pendant ce temps-là, j'ai plongé mes deux mains dans le paquet de farine. Je pensais à ma mère quand elle nous faisait des escalopes panées[8] !

---

1 être (trop) fait/e: geliefert / fertig / k.o. sein
2 le baby: *angl.* le babyfoot (Kicker)
3 … de mes fesses: *vulg.* dämlicher, Scheiß…
4 piquer qc: voler qc
5 la nana: *fam.* la femme/fille, *ici* la copine
6 le/la crétin/e: *fam.* l'idiot/e
7 l'évier *m.*: Spülbecken
8 l'escalope panée: paniertes Schnitzel

Maintenant j'avais envie de pisser, c'est malin[1]. Se la[2] tenir avec deux escalopes cordon-bleu, c'est pas ce qu'y a de plus pratique…

Avant de descendre l'escalier, je l'ai cherchée du regard pour me donner des forces parce que si je suis une bête au flipper, le baby-foot, c'est plutôt la chasse gardée[3] de mon frère.

J'ai joué comme un pied. La farine, au lieu de m'empêcher de transpirer, ça me faisait comme des petites boulettes[4] blanches au bout des doigts.

En plus, Marie et les autres sont descendus quand on en était à 6 partout et à partir de ce moment-là, j'ai lâché prise[5]. Je la sentais bouger dans mon dos et mes mains glissaient sur les manettes[6]. Je sentais son parfum et j'oubliais mes attaquants. J'entendais le son de sa voix et j'encaissais but sur but.

Quand mon frère a mis le curseur sur 10 de son côté, j'ai pu enfin essuyer mes mains sur mes cuisses. Mon jean était tout blanc.

Marc m'a regardé avec un air de salopard[7] sincèrement désolé.

Joyeux anniversaire, j'ai pensé.

Les filles ont dit qu'elles voulaient aller se coucher et ont demandé qu'on leur montre leur chambre. J'ai dit que j'allais dormir sur le canapé du salon pour finir les fonds de bouteille tranquillement et qu'on ne vienne plus me déranger.

Marie m'a regardé. J'ai pensé que si elle avait mesuré 1 mètre 29 et pesé 26 kilos à ce moment-là, j'aurais pu la

---

1 malin/maligne: clever, schlau, geschickt
2 la (queue): *fam.* le penis
3 la chasse gardée: Jagdbezirk, Revier, *hier* Stärke
4 la boulette: la petite boule
5 lâcher prise f.: loslassen, nachgeben
6 la manette: *hier* Griff (der Kickerstange)
7 le salopard: *fam. péj.* Fiesling, Dreckskerl

mettre à l'intérieur de mon blouson et l'emmener partout avec moi.

Et puis la maison s'est tue. Les lumières se sont éteintes les unes après les autres et on n'entendait plus que quelques gloussements[1] par-ci par-là.

J'imaginais que Marc et ses copains étaient en train de faire les imbéciles en grattant à leur porte. J'ai sifflé les chiens et j'ai fermé la porte d'entrée à clef.

Je n'arrivais pas à m'endormir. Évidemment.

Je fumais une cigarette dans le noir. Dans la pièce on ne voyait rien d'autre qu'un petit point rouge qui bougeait de temps en temps. Et puis j'ai entendu du bruit. Comme du papier qu'on froisse[2]. J'ai pensé d'abord que c'était un des chiens qui faisait des bêtises. J'ai appelé :

— Bozo ?… Micmac ?…

Pas de réponse et le bruit qui s'amplifiait[3] avec en plus, scritch scritch, comme du scotch qu'on décolle[4].

Je me suis redressé et j'ai étendu le bras pour allumer la lumière.

Je suis en train de rêver. Marie est nue au milieu de la pièce en train de se couvrir le corps avec les papiers cadeau. Elle a du papier bleu sur le sein gauche, de l'argenté sur le sein droit et de la ficelle entortillée[5] autour des bras. Le papier kraft[6] qui entourait le casque de moto que ma mémé m'a offert lui sert de pagne[7].

---

1 le gloussement: une sorte de rire
2 froisser qc: etw. zerknittern
3 s'amplifier: *ici* devenir plus fort
4 comme du scotch qu'on décolle: wie Klebestreifen (Tesafilm), den man abzieht
5 entortiller qc: mettre qc autour de qc
6 le papier kraft: Packpapier
7 le pagne: Lendenschurz

Elle marche à moitié nue au milieu des emballages[1], entre des cendriers pleins et des verres sales.

— Qu'est-ce que tu fais ?
— Ça se voit pas ?
— Ben non… pas vraiment… 5
— T'as pas dit que tu voulais un cadeau tout à l'heure, en arrivant ?

Elle souriait toujours et s'attachait de la ficelle rouge autour de la taille.
Je me suis levé d'un coup. 10
— Hé t'emballe[2] pas, je lui ai dit.
Et en même temps que je lui disais ça, je me demandais si « t'emballe pas » ça voulait dire : ne te couvre pas la peau ainsi, laisse-la moi, je t'en prie.
Ou si « t'emballe pas » ça voulait dire : ne va pas trop vite 15 tu sais, non seulement j'ai toujours le mal de mer mais, en plus, je repars, demain pour Nancy comme deuxième pompe[3], alors tu vois…

➤ *voir Sujets d'étude C, p. 25*

---

1 l'emballage *m.*: Verpackung
2 s'emballer pour qc: *fam.* s'enthousiasmer pour qc, emballer qc: etw. einpacken
3 la deuxième pompe: *fam.* le simple soldat

Sujets d'étude

A. Page 5, l. 1 – page 12, l. 24

1. Présentez le protagoniste, sa vie de famille et sa carrière scolaire jusqu'à ce soir de son vingt-quatrième anniversaire.
2. Faites le portrait du frère.
3. Trouvez trois adjectifs qui décrivent le caractère a) du protagoniste, b) du frère.
4. Analysez la relation des frères.

B. Page 13, l. 1 – page 19, l. 23

1. Résumez cette partie de l'histoire.
2. « Elle me regarde autrement. N'importe quelle fille aurait compris ce qu'elle a compris à ce moment-là. » (cf. p. 18, ll. 17 – 18). Expliquez ces phrases.
3. Analysez les relations entre le protagoniste, son frère Marc et Marie. Faites un arrêt sur image.
4. Discutez si c'était une bonne idée de préparer une fête-surprise d'anniversaire. Est-ce qu'il y aurait eu d'autres / de meilleures idées pour lui faire plaisir ? Lesquelles ?

C. Page 20, l. 1 – page 24, l. 18

1. Exposez brièvement le sujet de la conversation (p. 20, l. 3 – p. 21, l. 22).
2. Décrivez le comportement de Marie.
3. Quelles sont, d'après vous, les raisons de son comportement ? Expliquez.
4. Marie apprend plus tard que les deux frères ont joué pour passer la nuit avec elle. Imaginez sa réaction a) envers Marc, b) envers le protagoniste principal. Écrivez les dialogues.

Anna Gavalda
Petites pratiques[1] germanopratines[2]

Saint-Germain-des-Prés !?... Je sais ce que vous allez me
dire : « Mon Dieu, mais c'est d'un commun[3] ma chérie,
Sagan[4] l'a fait bien avant toi et tellllllement mieux ! »

Je sais.

Mais qu'est-ce que vous voulez... je ne suis pas sûre que
tout cela me serait arrivé sur le boulevard de Clichy[5], c'est
comme ça. C'est la vie.

Mais gardez vos réflexions pour vous et écoutez-moi car
mon petit doigt me dit que cette histoire va vous amuser.

Vous adorez les petites bluettes[6]. Quand on vous titille[7] le
cœur avec ces soirées prometteuses, ces hommes qui vous
font croire qu'ils sont célibataires et un peu malheureux.

Je sais que vous adorez ça. C'est normal, vous ne pouvez
quand même pas lire des romans Harlequin[8] attablé[9] chez

---

1 la pratique: l'habitude *f.*, la coutume
2 germanopratin/e: *adj.* du quartier de Saint-Germain-des-Prés,
très connu pour avoir été le lieu de rencontre des gens de lettres
(auteurs, philosophes) et des artistes
3 c'est d'un commun: c'est banal/trivial
4 Sagan: Françoise Sagan (1935–2004), écrivain et romancière
bestseller française («Bonjour tristesse»; «Aimez-vous Brahms?»)
5 le boulevard de Clichy: grand boulevard à Montmartre
(dans le nord de Paris)
6 la bluette: *ici* une petite idée drôle, un petit jeu
7 titiller qn: jdn. kitzeln
8 le roman Harlequin: billiger Groschenroman
9 attablé/e: être assis/e à table

Lipp[1] ou aux Deux-Magots[2]. Évidemment que non, vous ne pouvez pas.

Donc, ce matin, j'ai croisé[3] un homme sur le boulevard Saint-Germain.

Je remontais le boulevard et lui le descendait. Nous étions du côté pair[4], le plus élégant.

Je l'ai vu arriver de loin. Je ne sais pas, sa démarche[5] peut-être, un peu nonchalante ou les pans[6] de son manteau qui prenaient de l'aisance[7] devant lui... Bref, j'étais à vingt mètres de lui et je savais déjà que je ne le raterai pas.

Ça n'a pas loupé[8], arrivé à ma hauteur, je le vois me regarder. Je lui décoche[9] un sourire mutin[10], genre flèche de Cupidon[11] mais en plus réservé.

Il me sourit aussi.

En passant mon chemin, je continue de sourire, je pense à *La Passante*[12] de Baudelaire[13] (déjà avec Sagan tout à l'heure, vous aurez compris que j'ai ce qu'on appelle des références littéraires !!!). Je marche moins vite car j'essaye

---

1   Lipp: un restaurant / une brasserie très célèbre au Quartier Latin

2   les Deux-Magots: un café très connu à Saint-Germain-des-Prés (cf. p. 26, note 2)

3   croiser qn: → la croix, *ici* passer/rencontrer qn qui va en sens inverse

4   le côté pair (d'une rue): Straßenseite mit den geraden Hausnummern

5   la démarche: la façon d'aller / de bouger

6   le pan: Mantelzipfel

7   l'aisance *f.*: Leichtigkeit, Geschicklichkeit

8   louper: *fam.* échouer, ne pas réussir

9   décocher qc: *ici* envoyer, montrer

10 mutin/e: schelmisch

11 (dans le) genre flèche de Cupidon: *fam. etwa* so auf die «Amor-Pfeil»-Tour

12 le/la passant/e: personne qui passe, *ici* allusion au titre du poème «À une passante», cf. p. 227

13 Baudelaire: Charles Baudelaire (1821–1867), poète très connu, auteur des «Fleurs du Mal»

de me souvenir... *Longue, mince, en grand deuil[1]... après* je ne sais plus... après... *Une femme passa, d'une main fastueuse[2], soulevant, balançant le feston[3] et l'ourlet[4]... et à* la fin... *Ô toi que j'eusse aimée[5], ô toi qui le savais.*

À chaque fois, ça m'achève[6].

Et pendant ce temps-là, divine candeur[7], je sens le regard de mon saint Sébastien[8] (rapport à la flèche, eh ! il faut suivre hein !?) toujours dans mon dos. Ça me chauffe délicieusement les omoplates[9] mais plutôt crever[10] que de me retourner, ça gâcherait le poème.

J'étais arrêtée au bord du trottoir à guetter[11] le flot des voitures pour traverser à la hauteur de la rue des Saints-Pères.

Précision : une Parisienne qui se respecte sur le boulevard Saint-Germain ne traverse jamais sur les lignes blanches quand le feu est rouge. Une Parisienne qui se respecte guette le flot des voitures et s'élance[12] tout en sachant qu'elle prend un risque.

Mourir pour la vitrine de chez Paule Ka[13]. C'est délicieux.

---

1 le deuil: le sentiment/état de grande tristesse (surtout après la mort d'une personne aimée)
2 fastueux/-euse: *ici* plein/e de bagues *f. pl.*, richement décoré/e
3 le feston: partie décorative en haut d'une robe
4 l'ourlet *m.*: Saum
5 toi que j'eusse aimé: du, die ich geliebt hätte
6 achever qn: *ici* rendre qn triste
7 la candeur: la sincérité, l'ingénuité, la naïveté
8 le saint Sébastien: saint martyr romain tué par des flèches
9 l'omoplate *f.*: Schulterblatt
10 crever: *fam.* mourir
11 guetter qn/qc: *ici* observer qn/qc de manière intensive
12 s'élancer: *ici* se jeter dans le trafic, courir vite
13 Paule Ka: magasin très cher

Je m'élance enfin quand une voix me retient. Je ne vais pas vous dire « une voix chaude et virile » pour vous faire plaisir, car ce n'était pas le cas. Juste une voix.

— Pardon…
5   Je me retourne. Oh, mais qui est là ?… ma jolie proie[1] de tout à l'heure.

Autant vous le dire tout de suite, à partir de ce moment-là, pour Baudelaire[2], c'est foutu[3].

— Je me demandais si vous accepteriez de dîner avec
10 moi ce soir…

Dans ma tête, je pense « Comme c'est romantique… » mais je réponds :

— C'est un peu rapide, non ?

Le voilà qui me répond du tac au tac[4] et je vous promets
15 que c'est vrai :

— Je vous l'accorde, c'est rapide. Mais en vous regardant vous éloigner, je me suis dit : c'est trop bête, voilà une femme que je croise dans la rue, je lui souris, elle me sourit, nous nous frôlons[5] et nous allons nous perdre… C'est trop bête,
20 non vraiment, c'est même absurde.

— …

— Qu'est-ce que vous en pensez ? Ça vous paraît complètement idiot ce que je vous dis là ?

— Non, non, pas du tout.
25 Je commençais à me sentir un peu mal, moi…

---

1 la proie: Beute
2 pour Baudelaire: allusion *f.* au poème «À une passante» de Baudelaire (cf. p. 27, notes 12, 13)
3 c'est foutu: *fam.* c'est fini
4 répondre du tac au tac: wie aus der Pistole geschossen kontern
5 frôler qn/qc: toucher qn/qc brièvement

— Alors ?… Qu'en dites-vous ? Ici, là, ce soir, tout à l'heure, à neuf heures, à cet endroit exactement ?

On se ressaisit[1] ma fille, si tu dois dîner avec tous les hommes auxquels tu souris, tu n'es pas sortie de l'auberge[2]…

— Donnez-moi une seule raison d'accepter votre 5
invitation.

— Une seule raison… mon Dieu… que c'est difficile…

Je le regarde, amusée.

Et puis sans prévenir, il me prend la main :

— Je crois que j'ai trouvé une raison à peu près 10
convenable…

Il passe ma main sur sa joue pas rasée.

— Une seule raison. La voilà : dites oui, que j'aie l'occasion de me raser… Sincèrement, je crois que je suis beaucoup mieux quand je suis rasé. 15

Et il me rend mon bras.

— Oui, dis-je.

— À la bonne heure[3] ! Traversons ensemble, je vous prie, je ne voudrais pas vous perdre maintenant.

Cette fois c'est moi qui le regarde partir dans l'autre sens, 20
il doit se frotter les joues comme un gars qui aurait conclu une bonne affaire…

Je suis sûre qu'il est drôlement content de lui. Il a raison.

➳ *voir Sujets d'étude A, p. 41*

Fin d'après-midi un petit peu nerveuse, il faut l'avouer.

L'arroseuse arrosée[4] ne sait pas comment s'habiller. 25

---

1 se ressaisir: reprendre ses sens, se concentrer de nouveau
2 être sorti/e de l'auberge *f.*: *fam.* aus dem Schneider sein
3 à la bonne heure!: herrlich!, bravo!
4 l'arroseur/-euse arrosé/e: *loc.* begossene/r Gießer/in, *etwa* Person, die jdm. einen Streich spielt und dann selbst den Schaden davonträgt

Le ciré[1] s'impose[2].

Un peu nerveuse comme une débutante qui sait que son brushing[3] est raté.

Un peu nerveuse comme au seuil d'une histoire d'amour.

Je travaille, je réponds au téléphone, j'envoie des fax, je termine une maquette[4] pour l'iconographe[5] (attendez, forcément… Une fille mignonne et vive qui envoie des fax du côté de Saint-Germain-des-Prés travaille dans l'édition[6], forcément…).

Les dernières phalanges[7] de mes doigts sont glacées et je me fais répéter tout ce qu'on me dit.

Respire, ma fille, respire…

Entre chien et loup[8], le boulevard s'est apaisé[9] et les voitures sont en veilleuse[10].

On rentre les tables des cafés, des gens s'attendent sur le parvis[11] de l'église, d'autres font la queue au Beauregard[12] pour voir le dernier Woody Allen[13].

Je ne peux pas décemment[14] arriver la première. Non. Et même, j'arriverai un peu en retard. Me faire un tout petit peu désirer ce serait mieux.

---

1   le ciré: l'imperméable *m.*, un manteau qu'on porte quand il pleut
2   s'imposer: *ici* être obligatoire/nécessaire
3   le brushing: *angl.* (Föhn)Frisur
4   la maquette: *hier* Lay-out
5   l'iconographe *m.*: Illustrator, Bildgestalter
6   dans l'édition *f.*: im Verlag(swesen)
7   la phalange: *hier* Fingerspitze
8   entre chien et loup: *fam.* quand il commence à faire nuit
9   s'apaiser: devenir plus tranquille, calme
10   la veilleuse *f.*: Standlicht
11   le parvis: c'est la place située directement devant un bâtiment
12   le Beauregard: nom d'un cinéma parisien
13   Woody Allen: réalisateur de film américain intellectuel
14   décemment: anständig(erweise)

Je vais donc prendre un petit remontant[1] pour me remettre du sang dans les doigts.

Pas aux Deux-Magots, c'est légèrement plouc[2] le soir, il n'y a que des grosses Américaines qui guettent l'esprit de Simone de Beauvoir[3]. Je vais rue Saint-Benoît. Le Chiquito fera très bien l'affaire[4].

Je pousse la porte et tout de suite c'est : l'odeur de la bière mélangée à celle du tabac froid, le ding ding du flipper, la patronne hiératique[5] avec ses cheveux colorés et son chemisier en nylon qui laisse voir son soutien-gorge à grosses armatures[6], la nocturne de Vincennes[7] en bruit de fond, quelques maçons[8] dans leurs cottes[9] tachées qui repoussent encore un peu l'heure de la solitude ou de la bobonne[10], et des vieux habitués aux doigts jaunis[11] qui emmerdent tout le monde avec leur loyer de 48[12]. Le bonheur.

Ceux du zinc[13] se retournent de temps en temps et pouffent[14] entre eux comme des collégiens. Mes jambes sont dans l'allée et elles sont très longues. L'allée est assez étroite

---

1 le remontant: ce qu'on mange ou boit pour se sentir mieux / plus fort
2 plouc: *fam.* doof, hinterwäldlerisch
3 Simone de Beauvoir (1908 – 1986): philosophe, femme-auteur et féministe française
4 faire très bien l'affaire *f.*: wie gemacht sein für etw.
5 hiératique: qui est assis/e comme une personne très importante
6 le soutien-gorge à grosses armatures: *fam.* BH für große Größen
7 la nocturne de Vincennes: les courses de chevaux à Vincennes (hippodrome près de Paris)
8 le maçon: Maurer
9 la cotte: le vêtement qu'on porte pour travailler
10 la bobonne: *fam.* l'épouse, la femme («Alte»)
11 le doigt jauni: le doigt qui a pris la couleur du tabac
12 le loyer de 48: le salaire (qui n'augmente pas ou peu depuis 1948)
13 le zinc: Tresen
14 pouffer (de rire): prusten

et ma jupe est très courte. Je vois leur dos voûté[1] se secouer par saccades[2].

Je fume une cigarette en envoyant la fumée très loin devant moi. J'ai les yeux dans le vague. Je sais maintenant que c'est *Beautiful Day*[3], coté[4] dix contre un qui l'a emporté dans la dernière ligne droite[5].

Je me rappelle que j'ai *Kennedy et moi*[6] dans mon sac et je me demande si je ne ferais pas mieux de rester là.

Un petit salé aux lentilles[7] et un demi-pichet[8] de rosé… Qu'est-ce que je serais bien…

Mais je me ressaisis. Vous êtes là, derrière mon épaule à espérer l'amour (ou moins ? ou plus ? ou pas tout à fait ?) avec moi et je ne vais pas vous laisser en rade[9] avec la patronne du Chiquito. Ce serait un peu raide[10].

Je sors de là les joues roses et le froid me fouette[11] les jambes.

Il est là, à l'angle de la rue des Saint-Pères, il m'attend, il me voit, il vient vers moi.

— J'ai eu peur. J'ai cru que vous ne viendriez pas.

J'ai vu mon reflet dans une vitrine, j'ai admiré mes joues toutes lisses[12] et j'ai eu peur.

---

1 voûté/e: gebeugt
2 se secouer par saccades *f. pl.*: *hier* sich vor Lachen schütteln
3 Beautiful Day: *ici* le nom d'un cheval de course
4 coter: bewerten, notieren (Börse, Wette)
5 la dernière ligne droite: Zielgerade
6 Kennedy et moi: un roman de Jean-Paul Dubois (1997),
       un film de Sam Karmann (1999)
7 le salé aux lentilles *f. pl.*: gesalzenes Schweinefleisch auf Linsen
8 le demi-pichet: la petite carafe
9 laisser qn en rade: *fam.* laisser tomber qn, abandonner qn
10 c'est un peu raide: *fam.* das ist ein starkes Stück
11 fouetter: peitschen, klatschen
12 lisse: glatt

— Je suis désolée. J'attendais le résultat de la nocturne de Vincennes et j'ai laissé passer l'heure.

— Qui a gagné ?

— Vous jouez ?

— Non.

— C'est *Beautiful Day* qui a gagné.

— Évidemment, j'aurais dû m'en douter, sourit-il en prenant mon bras.

Nous avons marché silencieusement jusqu'à la rue Saint-Jacques. De temps en temps, il me jetait un regard à la dérobée[1], examinait mon profil mais je sais qu'à ce moment-là, il se demandait plutôt si je portais un collant[2] ou des bas[3].

Patience mon bonhomme, patience...

— Je vais vous emmener dans un endroit que j'aime bien.

Je vois le genre... avec des garçons détendus[4] mais obséquieux[5] qui lui sourient d'un air entendu : « Bonssouâr[6] monsieur... (voilà donc la dernière... tiens j'aimais mieux la brune de la dernière fois...) ... la petite table du fond comme d'habitude, monsieur ?... petites courbettes[7], (... mais où est-ce qu'il les déniche[8] toutes ces nanas ? ...) ... Vous me laissez vos vêtements ??? Très biiiiiien. »

Il les déniche dans la rue, patate[9].

Mais pas du tout.

---

1 à la dérobée: en secret

2 le collant: Strumpfhose

3 les bas *m. pl.*: Strümpfe (*hier* mit Strumpfhaltern)

4 détendu/e: pas stressé/e, relaché/e

5 obséquieux/-euse: übertrieben höflich, unterwürfig

6 bonssouâr: bonsoir

7 la courbette: Verbeugung

8 dénicher qn: trouver, découvrir qn

9 la patate: *fam. ici* l'idiot/e

Petites pratiques germanopratines **35**

Il m'a laissée passer devant en tenant la porte d'un petit bistrot à vins et un serveur désabusé[1] nous a juste demandé si nous fumions. C'est tout.

Il a accroché nos affaires au portemanteau et à sa demi-seconde de désœuvrement[2] quand il a aperçu la douceur de mon décolleté, j'ai su qu'il ne regrettait pas la petite entaille[3] qu'il s'était faite sous le menton en se rasant tout à l'heure alors que ses mains le trahissaient.

Nous avons bu du vin extraordinaire dans de gros verres ballon[4]. Nous avons mangé des choses assez délicates, précisément conçues[5] pour ne pas gâter[6] l'arôme de nos nectars[7].

Une bouteille de Côte de Nuits, Gevrey-Chambertin 1986[8]. Petit Jésus en culotte de velours[9].

L'homme qui est assis en face de moi boit en plissant[10] les yeux.

Je le connais mieux maintenant. Il porte un col roulé gris en cachemire. Un vieux col roulé. Il a des pièces aux coudes et un petit accroc[11] près du poignet[12] droit. Le cadeau de ses vingt ans peut-être… Sa maman, troublée par sa moue[13] un

---

1 désabusé/e: résigné/e, sceptique
2 le désœuvrement: *ici* l'hésitation *f.*
3 l'entaille *f.*: *hier* Schnittwunde
4 le (verre) ballon: un verre à vin
5 conçu/e: → concevoir, *ici* fait/e
6 gâter qc.: détruire qc, ruiner qc
7 le nectar: *ici* un très bon vin (rouge) très cher
8 le «Côte de Nuit, Gevrey-Chambertin 1986»: un très bon vin (cher)
9 petit Jésus en culotte de velours: *loc.* on appelle ainsi un vin extraordinaire (la culotte de velours: Samthose)
10 plisser: *ici* fermer
11 l'accroc *m.*: Riss
12 le poignet: Handgelenk
13 la moue: la mine qui exprime qu'on n'est pas content/e

peu déçue, qui lui dit : « Tu ne le regretteras pas, va... » et elle l'embrasse en lui passant la main dans le dos.

Une veste très discrète qui n'a l'air de rien d'autre qu'une veste en tweed mais, comme c'est moi et mes yeux de lynx[1], je sais bien que c'est une veste coupée sur mesure. Chez Old England[2], les étiquettes sont plus larges quand la marchandise sort directement des ateliers des Capucines et j'ai vu l'étiquette quand il s'est penché pour ramasser sa serviette.

Sa serviette qu'il avait laissée tomber exprès pour en avoir le cœur net[3] avec cette histoire de bas, j'imagine.

Il me parle de beaucoup de choses mais jamais de lui. Il a toujours un peu de mal à retrouver le fil de son histoire quand je laisse traîner ma main sur mon cou. Il me dit : « Et vous ? » et je ne lui parle jamais de moi non plus.

En attendant le dessert, mon pied touche sa cheville.

Il pose sa main sur la mienne et la retire soudain parce que les sorbets arrivent.

Il dit quelque chose mais ses mots ne font pas de bruit et je n'entends rien.

Nous sommes émus.

➤➤ *voir Sujets d'étude B, p. 41*

C'est horrible. Son téléphone portable vient de sonner.

Comme un seul homme tous les regards du restaurant sont braqués[4] sur lui qui l'éteint prestement[5]. Il vient certainement de gâcher beaucoup de très bon vin. Des gorgées mal

---

1 le lynx: Luchs
2 Old England: un magasin qui vend exclusivement des produits anglais très chers
3 avoir le cœur net: *ici* être sûr/e de qc, savoir qc
4 braquer qc sur qn/qc: *ici* diriger qc sur/contre qn/qc
5 prestement: en toute hâte, très vite

Petites pratiques germanopratines **37**

passées dans des gosiers[1] irrités. Des gens se sont étranglés[2], des doigts se sont crispés sur les manches[3] des couteaux ou sur les plis des serviettes amidonnées[4].

Ces maudits[5] engins[6], il en faut toujours un, n'importe où,
5 n'importe quand.

Un goujat[7].

Il est confus. Il a un peu chaud tout à coup dans le cachemire de sa maman.

Il fait un signe de tête aux uns et aux autres comme pour
10 exprimer son désarroi[8]. Il me regarde et ses épaules se sont légèrement affaissées[9].

— Je suis désolé… Il me sourit encore mais c'est moins belliqueux[10] on dirait.

Je lui dis :
15 — Ce n'est pas grave. On n'est pas au cinéma. Un jour je tuerai quelqu'un. Un homme ou une femme qui aura répondu au téléphone au cinéma pendant la séance. Et quand vous lirez ce fait-divers[11], vous saurez que c'est moi…

— Je le saurai.
20 — Vous lisez les faits-divers ?

— Non. Mais je vais m'y mettre puisque j'ai une chance de vous y trouver.

Les sorbets furent, comment dire… délicieux.

---

1 le gosier: Schlund, Kehle
2 s'étrangler: *hier* sich verschlucken
3 le manche d'un couteau: Messergriff
4 amidonner: (Wäsche) stärken
5 maudit/e: verflucht
6 l'engin *m*.: l'appareil *m*.
7 le goujat: Flegel, Rüpel
8 le désarroi: Verwirrung, Bestürzung
9 s'affaisser: baisser de niveau *m*., s'effondrer
10 belliqueux/-euse: personne qui a envie de lutter / de se disputer
11 le fait-divers: la rubrique d'un journal contenant de petites informations

Revigoré[1], mon prince charmant[2] est venu s'asseoir près de moi au moment du café.

Si près que c'est maintenant une certitude. Je porte bien des bas. Il a senti la petite agrafe[3] en haut de mes cuisses[4].

Je sais qu'à cet instant-là, il ne sait plus où il habite.

Il soulève mes cheveux et il embrasse ma nuque, dans le petit creux[5] derrière.

Il me chuchote[6] à l'oreille qu'il adore le boulevard Saint-Germain, qu'il adore le bourgogne et les sorbets au cassis.

J'embrasse sa petite entaille. Depuis le temps que j'attendais ce moment, je m'applique[7].

Les cafés, l'addition, le pourboire[8], nos manteaux, tout cela n'est plus que détails, détails, détails. Détails qui nous empêtrent[9].

Nos cages thoraciques[10] s'affolent[11].

Il me tend mon manteau noir et là…

J'admire le travail de l'artiste, chapeau bas[12], c'est très discret, c'est à peine visible, c'est vraiment bien calculé et c'est drôlement bien exécuté : en le déposant sur mes

---

1   revigorer: reprendre ses forces, se sentir plus fort
2   le prince charmant: Märchenprinz
3   l'agrafe *f.*: *hier* Verschluss des Strumpfhalters
4   la cuisse: (Ober)Schenkel
5   le petit creux: kleine Vertiefung/Kuhle
6   chuchoter: parler très bas à (l'oreille de) qn
7   s'appliquer à faire qc: faire qc avec beaucoup d'attention et tous ses sens
8   le pourboire: l'argent qu'on donne pour un bon service (dans un restaurant)
9   empêtrer qn: déranger qn
10 la cage thoracique: Brustkorb
11 s'affoler: devenir fou/folle, *ici* le cœur bat très fort
12 chapeau bas!: Hut ab! alle Achtung!

Petites pratiques germanopratines **39**

épaules nues, offertes et douces comme de la soie[1], il trouve la demi-seconde nécessaire et l'inclinaison[2] parfaite vers la poche intérieure de sa veste pour jeter un coup d'œil à la messagerie de son portable.

5 Je retrouve tous mes esprits. D'un coup. Le traître[3]. L'ingrat[4].

Qu'as-tu donc fait là malheureux !!!

De quoi te préoccupais-tu[5] donc quand mes épaules étaient si rondes, si tièdes et ta main si proche !?

10 Quelle affaire t'a semblé plus importante que mes seins qui s'offraient à ta vue ?

Par quoi te laisses-tu importuner[6] alors que j'attendais ton souffle sur mon dos ?

Ne pouvais-tu donc pas tripoter[7] ton maudit bidule[8]
15 après, seulement après m'avoir fait l'amour ?

Je boutonne mon manteau jusqu'en haut.

Dans la rue, j'ai froid, je suis fatiguée et j'ai mal au cœur.

Je lui demande de m'accompagner jusqu'à la première
20 borne[9] de taxis.

Il est affolé[10].

Appelle S. O. S. mon gars, t'as ce qu'il faut.

Mais non. Il reste stoïque[11].

---

1 la soie: Seide
2 l'inclination *f.*: Neigung (*hier* Kopfhaltung)
3 le traître: Verräter
4 l'ingrat/e *m.*: Undankbare/r
5 se préoccuper de qc: se soucier de qc, se faire des soucis sur qc
6 importuner qn: déranger qn, troubler qn
7 tripoter qc: *fam.* mit etw. spielen, an etw. herumfummeln
8 le bidule: *fam.* le truc (Dingsbums)
9 la borne de taxi: là où attendent les taxis
10 affolé/e: sans réfléchir, surpris/e
11 stoïque: standhaft

Comme si de rien n'était. Genre je raccompagne une bonne copine à son taxi, je frotte ses manches pour la réchauffer et je devise[1] sur la nuit à Paris.

La classe presque jusqu'au bout, ça je le reconnais.

Avant que je ne monte dans un taxi Mercedes noir immatriculé[2] dans le Val-de-Marne[3], il me dit :

— Mais… on va se revoir, n'est-ce pas ? Je ne sais même pas où vous habitez… Laissez-moi quelque chose, une adresse, un numéro de téléphone…

Il arrache un bout de papier de son agenda et griffonne[4] des chiffres.

— Tenez. Le premier numéro, c'est chez moi, le deuxième, c'est mon portable où vous pouvez me joindre n'importe quand…

Ça, j'avais compris.

— Surtout n'hésitez pas, d'accord ?… Je vous attends.

Je donne des coups de pied dans des boîtes de conserve imaginaires.

Je hais les téléphones portables, je hais Sagan, je hais Baudelaire et tous ces charlatans.

Je hais mon orgueil.

➻ *voir Sujets d'étude C, p. 41*

---

1 deviser: parler de manière amicale / comme à un ami
2 immatriculé/e: *ici* registré/e, avec une plaque d'immatriculation *f.*
3 le Val-de-Marne: un département au sud-est de Paris
4 griffonner qc: écrire qc en toute vitesse

Sujets d'étude

A. Page 26, l. 1 – page 30, l. 23

1. Présentez les deux personnages principaux de ce début de nouvelle et le sujet de leur conversation.
2. Étudiez le poème « À une passante » de Baudelaire (p. 227) et expliquez le rapport entre ce poème et l'histoire.
3. Analysez les techniques narratives de cette nouvelle. Tenez compte de l'identité et de la position du narrateur, de la perspective narrative et du langage.

B. Page 30, l. 24 – page 36, l. 21

1. Dégagez les différentes étapes du premier rendez-vous, c'est-à-dire de la préparation à l'arrivée du dessert au restaurant.
2. Analysez les sentiments de la protagoniste avant et pendant le dîner.
3. Imaginez que la femme serait restée au Chiquito. Écrivez une autre histoire.

C. Page 36, l. 22 – page 40, l. 21

1. Résumez cette partie du texte.
2. Analysez le changement d'attitude de la femme envers l'homme. Expliquez pourquoi elle se comporte ainsi.
3. Quel message l'homme a-t-il reçu ? Écrivez l'histoire de la perspective de l'homme.
4. Le lendemain, la femme est désolée d'avoir gâché la soirée. Elle décide d'appeler l'homme. Préparez le dialogue et présentez-le.

Anna Gavalda
Cet homme et cette femme

Cet homme et cette femme sont dans une voiture étrangère. Cette voiture a coûté trois cent vingt mille francs[1] et, bizarrement, c'est surtout le prix de la vignette[2] qui a fait hésiter l'homme chez le concessionnaire[3].

Le gicleur[4] droit fonctionne mal. Cela l'agace énormément. 5

Lundi, il demandera à sa secrétaire d'appeler Salomon. Il pense un instant aux seins de sa secrétaire, très petits. Il n'a jamais couché avec ses secrétaires. C'est vulgaire et ça peut faire perdre beaucoup d'argent de nos jours. De toute façon, il ne trompe plus sa femme depuis qu'ils se sont 10 amusés un jour, avec Antoine Say, à calculer leurs pensions alimentaires[5] respectives[6] pendant une partie de golf.

Ils roulent vers leur maison de campagne. Un très joli corps de ferme situé près d'Angers[7]. Des proportions superbes.
  Ils l'ont achetée une bouchée de pain[8]. Par contre les 15 travaux…

---

1 320 000 francs français équivalaient à environ 49 000 euros
2 la vignette: petit autocollant servant à attester le paiement de la taxe sur les automobiles (supprimée en 2001)
3 le concessionnaire: le vendeur de voiture (d'une marque)
4 le gicleur: Düse für die Scheibenwischer
5 la pension alimentaire: Alimente
6 respectif/-ive: l'un l'autre et vice versa
7 Angers: ville dans le nord-ouest de la France
8 acheter qc. une bouchée de pain: *fam. loc.* très bon marché

Boiseries[1] dans toutes les pièces, une cheminée démontée
puis remontée pierre par pierre pour laquelle ils avaient eu
le coup de foudre[2] chez un antiquaire anglais. Aux fenêtres,
des tissus lourds retenus par des embrasses[3]. Une cuisine très
5 moderne, des torchons damassés[4] et des plans de travail[5] en
marbre gris. Autant de salles de bains que de chambres, peu
de meubles mais tous d'époque[6]. Aux murs, des cadres trop
dorés et trop larges pour des gravures[7] du XIXe, de chasse[8]
essentiellement.

10 Tout cela fait un peu nouveau riche mais, heureusement, ils
ne s'en rendent pas compte.

L'homme est en tenue[9] de week-end, un pantalon de vieux
tweed et un col roulé bleu ciel en cachemire (cadeau de sa
femme pour ses cinquante ans). Ses chaussures viennent
15 de chez John Lobb[10], pour rien au monde il ne changerait
de fournisseur[11]. Évidemment ses chaussettes sont en fil
d'écosse[12] et lui couvrent tout le mollet[13]. Évidemment.
    Il conduit relativement vite. Il est pensif. En arrivant, il
ira voir les gardiens pour parler avec eux de la propriété,

---

1   la boiserie: Holzvertäfelung
2   le coup de foudre: *ici* tomber amoureux/-euse d'un coup
3   l'embrasse *f.*: Raffhalter, Gardinenhalter
4   le torchon damassé: Geschirrtuch aus Damaststoff
5   le plan de travail *m.*: Arbeitsplatte
6   le meuble d'époque *f.*: Stilmöbel(stück)
7   la gravure: (Kupfer)Stich
8   la chasse: Jagd
9   la tenue: les vêtements *m. pl.*
10 John Lobb: marque de chaussures anglaises faites sur mesure
     (très chères)
11 le fournisseur: celui qui produit et vend une chose
12 en fil d'écosse: aus reinem Leinen
13 le mollet: Wade

du ménage, de l'élagage[1] des hêtres[2], du braconnage[3]... Et il déteste ça.

Il déteste sentir qu'on se fout[4] de sa gueule[5] et c'est bien ce qui se passe avec ces deux-là qui se mettent au travail le vendredi matin en traînant les pieds parce que les patrons vont arriver le soir même et qu'il faut bien donner l'impression d'avoir bougé.

Il devrait les foutre à la porte[6] mais, en ce moment, il n'a vraiment pas le temps de s'en occuper.

Il est fatigué. Ses associés[7] l'emmerdent[8], il ne fait presque plus l'amour à sa femme, son pare-brise[9] est criblé[10] de moustiques et le gicleur droit fonctionne mal.

La femme s'appelle Mathilde. Elle est belle mais on voit sur son visage tout le renoncement[11] de sa vie. Elle a toujours su quand son mari la trompait et elle sait aussi que, s'il ne le fait plus, c'est encore pour une histoire d'argent.

Elle est à la place du mort[12] et elle est toujours très mélancolique pendant ces interminables allers-retours du week-end.

Elle pense qu'elle n'a jamais été aimée, elle pense qu'elle n'a pas eu d'enfants, elle pense au petit garçon de

---

1 l'élagage *m.*: Ausästen, Auslichten (Beschneiden)
2 le hêtre: Buche
3 le braconnage: la chasse illégale
4 se foutre de qn/qc: *fam.* se moquer de qn/qc
5 la gueule: *fam.* la bouche, *ici* la personne
6 foutre qn à la porte: *fam.* jdn. rauswerfen
7 l'associé/e: *ici* le/la partenaire dans une entreprise
8 emmerder qn: *vulg.* énerver qn, mettre qn en colère
9 le pare-brise: Windschutzscheibe
10 criblé/e: plein/e, couvert/e
11 le renoncement: Entbehrung, Verzicht
12 la place du mort: la place à côté du chauffeur

la gardienne qui s'appelle Kevin, et qui va avoir trois ans
en janvier… Kevin, quel prénom horrible. Elle, si elle avait
eu un fils, elle l'aurait appelé Pierre, comme son père. Elle
se souvient de cette scène épouvantable[1] quand elle avait
5 parlé d'adoption… Mais elle pense aussi à ce petit tailleur[2]
vert qu'elle a entraperçu[3] l'autre jour dans la vitrine de chez
Cerruti[4].

Ils écoutent Fip[5]. C'est bien, Fip : de la musique classique
que l'on se sait gré[6] de pouvoir apprécier, des musiques
10 du monde entier qui donnent le sentiment d'être ouvert et
des flashs d'information très brefs qui laissent à la misère à
peine le temps de s'engouffrer[7] dans l'habitacle[8].

Ils viennent de passer le péage[9]. Ils n'ont pas échangé une
seule parole et ils sont encore assez loin.

---

1 épouvantable: affreux/-euse, désagréable
2 le tailleur: Kostüm, Jackenkleid
3 entrapercevoir: découvrir, voir en passant
4 Cerutti: créateur de mode italien
5 Fip: une station de radio diffusant peu de publicité
6 savoir gré de qc: für etw. dankbar sein
7 s'engouffrer: entrer avec violence dans un lieu
8 l'habitacle *m.*: l'intérieur d'une voiture
9 le péage: Maut(stelle)

Sujets d'étude

1. Résumez l'histoire.
2. Caractérisez les deux personnages principaux en tenant compte de leurs pensées pendant le début de leur trajet.
3. Examinez de plus près le rapport de l'homme et celui de la femme avec la famille des gardiens.
4. « Elle se souvient de cette scène épouvantable quand elle avait parlé d'adoption… Mais elle pense aussi à ce petit tailleur vert qu'elle a entraperçu l'autre jour dans la vitrine de chez Cerruti. » (p. 45, ll. 3 – 7)
   Commentez ces réflexions de la femme.
5. Imaginez une famille avec des enfants qui part en week-end à la campagne. Écrivez « votre » histoire sur ce qui se passe dans la voiture.

Anna Gavalda
Pendant des années

Pendant des années j'ai cru que cette femme était en dehors de ma vie, pas très loin peut-être mais *en dehors.*

Qu'elle n'existait plus, qu'elle vivait très loin, qu'elle n'avait jamais été aussi belle que ça, qu'elle appartenait[1]
5 au monde du passé. Le monde de quand j'étais jeune et romantique, quand je croyais que l'amour durait toujours et que rien n'était plus grand que mon amour pour elle. Toutes ces bêtises.

J'avais vingt-six ans et j'étais sur le quai d'une gare. Je
10 ne comprenais pas pourquoi elle pleurait tant. Je la serrais[2] dans mes bras et m'engouffrais[3] dans son cou[4]. Je croyais qu'elle était malheureuse parce que je partais et qu'elle me laissait voir sa détresse[5]. Et puis quelques semaines plus tard, après avoir piétiné[6] mon orgueil[7] comme un malpropre[8]
15 au téléphone ou en gémissant[9] dans des lettres trop longues, j'ai fini par comprendre.

Que ce jour-là elle flanchait[10] parce qu'elle savait qu'elle regardait mon visage pour la dernière fois, que c'était sur

---

1 appartenir à: gehören zu
2 serrer qn/qc dans ses bras: jdn./etw. an sich drücken
3 s'engouffrer dans: sich in etw. stürzen, *hier* vergraben
4 le cou: la partie du corps entre la tête et le dos
5 la détresse: le désespoir
6 piétiner qc: etw. mit Füßen treten
7 l'orgueil *m.*: Stolz
8 comme un/e malpropre: comme un/e idiot/e
9 gémir: stöhnen, jammern
10 flancher: *fam.* schwach werden, kneifen

moi qu'elle pleurait, sur ma dépouille[1]. Et que la curée[2] ne lui faisait pas plaisir.

Pendant des mois, je me suis cogné[3] partout.

Je ne faisais attention à rien et je me suis cogné partout. Plus j'avais mal, plus je me cognais.

J'ai été un garçon délabré[4] admirable : tous ces jours vides où j'ai donné le change. En me levant, en travaillant jusqu'à l'abrutissement[5], en me nourrissant sans faire d'histoires, en buvant des bières avec mes collègues et en continuant de rire grassement avec mes frères alors que la moindre pichenette[6] du moindre d'entre eux aurait suffi à me briser[7] net[8]. Mais je me trompe. Ce n'était pas de la vaillance[9], c'était de la connerie : parce que je croyais qu'elle reviendrait. J'y croyais vraiment.

Je n'avais rien vu venir et mon cœur s'était complètement déglingué[10] sur un quai de gare un dimanche soir. Je n'arrivais pas à me résoudre[11] et je me cognais dans tout et n'importe quoi.

Les années qui ont suivi ne m'ont fait aucun effet. Certains jours je me surprenais à penser :

— Tiens ?... c'est bizarre... je crois que je n'ai pas pensé à elle hier... Et au lieu de m'en féliciter, je me demandais comment c'était possible, comment j'avais réussi à vivre une journée entière sans penser à elle. Son prénom surtout

---

1 la dépouille: sterbliche Überreste
2 la curée ne lui faisait pas plaisir: *ici* le fait d'être avec lui ne l'intéressait pas
3 se cogner: sich stoßen
4 délabré/e: ruiné/e
5 travailler jusqu'à l'abrutissement *m.*: travailler trop
6 la pichenette: Klaps
7 briser qn: rompre / casser qn
8 net: tout de suite, sans problème
9 la vaillance: le courage
10 se déglinguer: *fam.* se briser, casser
11 se résoudre: prendre une décision

m'obsédait[1]. Et deux ou trois images d'elle très précises.
Toujours les mêmes.

C'est vrai. J'ai posé les pieds par terre le matin, je me suis
nourri, je me suis lavé, j'ai enfilé[2] des vêtements sur moi et
5 j'ai travaillé.

Quelquefois j'ai vu le corps nu de quelques filles.
Quelquefois mais sans douceur.

Émotions : néant[3].

➻ *voir Sujets d'étude A, p. 67*

Et puis enfin, quand même, j'ai eu ma chance. Alors que ça
10 m'était devenu égal.

Une autre femme m'a rencontré. Une femme très différente
est tombée amoureuse de moi, qui portait un autre prénom
et qui avait décidé de faire de moi un homme entier. Sans
me demander mon avis, elle m'a remis d'aplomb[4] et m'a
15 épousé moins d'un an après notre premier baiser, échangé
dans un ascenseur pendant un congrès.

Une femme inespérée. Il faut dire que j'avais si peur. Je
n'y croyais plus et j'ai dû la blesser souvent. Je caressais son
ventre et mon esprit divaguait[5]. Je soulevais ses cheveux et
20 j'y cherchais une autre odeur[6]. Elle ne m'a jamais rien dit.
Elle savait que ma vie de fantôme[7] ne ferait pas long feu[8].
À cause de son rire, à cause de sa peau et à cause de tout
ce fatras[9] d'amour élémentaire et désintéressé qu'elle avait

1   obséder qn: jdn. verfolgen
2   enfiler qc: etw. überstreifen
3   néant: rien
4   remettre qn d'aplomb: *ici* aider qn à vivre normalement
5   divaguer: penser à autre chose / à plusieurs choses
6   l'odeur f.: ce qu'on sent par le nez
7   le fantôme: Gespenst, Geist
8   faire long feu: durer longtemps
9   le fatras: le chaos

à me donner. Elle avait raison. Ma vie de fantôme m'a laissé vivre heureux.

Elle est dans la pièce d'à côté en ce moment. Elle est endormie.

Professionnellement, j'ai réussi mieux que je ne l'aurais imaginé. Il faut croire que l'âpreté[1] paye[2], que j'étais au bon endroit au bon moment, que j'ai su prendre certaines décisions, que… Je ne sais pas.

En tout cas je vois bien dans l'œil étonné autant que soupçonneux[3] de mes anciens copains de promo[4] que tout cela les déconcerte[5] : une jolie femme, une jolie carte de visite et des chemises coupées sur mesure[6]… avec si peu de moyens au départ. Ça laisse perplexe.

À l'époque j'étais surtout celui qui ne pensait qu'aux filles, enfin… qu'à *cette* fille, celui qui écrivait des lettres pendant les cours magistraux[7] et qui ne regardait pas les culs ni les seins ni les yeux ni rien d'autre aux terrasses des cafés. Celui qui prenait le premier train pour Paris tous les vendredis et qui revenait triste et les yeux cernés[8] le lundi matin en maudissant[9] les distances et le zèle[10] des contrôleurs. Plutôt Arlequin[11] que golden boy, c'est vrai.

---

1 l'âpreté *f.*: Verbissenheit
2 payer: *hier* sich lohnen
3 soupçonneux/-euse: sceptique
4 la promo(tion): Beförderung, hier (Studien)Jahrgang
5 déconcerter qn: jdn. aus der Fassung bringen, jdn. bestürzen
6 coupé/e sur mesure: maßgeschneidert
7 le cours magistral: Vorlesung
8 avoir les yeux cernés: Augenringe haben
9 maudire: (ver)fluchen
10 le zèle: Eifer
11 l'arlequin: Harlekin, Hanswurst

Comme je l'aimais, je négligeais[1] mes études et comme je foirais[2] mes études, entre autres flottements[3], elle m'a abandonné. Elle devait penser que l'avenir était trop... incertain avec un type dans mon genre.

Quand je lis mes relevés de banque[4] aujourd'hui, je vois bien que la vie est une drôle de farceuse[5].

Donc j'ai vécu comme si de rien n'était.

Bien sûr, en souriant, il nous arrivait de parler entre nous, ma femme et moi ou avec des amis, de nos années d'étudiants, des films et des livres qui nous avaient façonnés[6] et de *nos amours de jeunesse*, des visages négligés en cours de route et qui nous venaient à l'esprit par hasard. Du prix des cafés et de tout ce genre de nostalgie... Cette partie de notre vie posée sur une étagère. Nous y faisions un peu de poussière[7]. Mais je ne m'appesantissais[8] jamais. Oh non.

À une époque, je me souviens, je passais tous les jours devant un panneau qui indiquait le nom de la ville où je savais qu'elle vivait, avec le nombre de kilomètres.

Tous les matins, en me rendant à mon bureau et tous les soirs en en revenant, je jetais un coup d'œil[9] à ce panneau. J'y jetais un coup d'œil, c'est tout. Je ne l'ai jamais suivi. J'y ai pensé mais l'idée même de mettre mon clignotant[10] c'était comme de cracher[11] sur ma femme.

---

1 négliger qc: etw. vernachlässigen
2 foirer qc: *fam.* etw. auf's Spiel setzen
3 le flottement: Schwanken, Unschlüssigkeit
4 le relevé de banque: Kontoauszug
5 le/la farceux/-euse: une personne qui aime être drôle ou faire le clown
6 façonner qn/qc: jdn./etw. prägen
7 la poussière: Staub
8 s'appesantir: sich aufhalten
9 jeter un coup d'oeil à qn/qc: einen Blick werfen auf jdn./etw.
10 le clignotant: (Seiten)Blinker
11 cracher: spucken

Pourtant j'y jetais un coup d'œil, c'est vrai.

Et puis j'ai changé de boulot. Plus de panneau.

Mais il y avait toujours d'autres raisons, d'autres prétextes[1]. Toujours. Combien de fois me suis-je retourné dans la rue, le cœur en vrille[2] parce que j'avais cru apercevoir un bout de silhouette qui... ou une voix que... ou une chevelure[3] comme... ?

Combien de fois ?

Je croyais que je n'y pensais plus mais il me suffisait d'être un moment seul dans un endroit à peu près calme pour la laisser venir.

À la terrasse d'un restaurant un jour, c'était il y a moins de six mois, alors que le client que je devais inviter n'arrivait pas, j'ai été la rechercher dans mes souvenirs. J'ai desserré[4] mon col[5] et j'ai envoyé le garçon m'acheter un paquet de cigarettes. Ces cigarettes fortes et acres[6] que je fumais à l'époque. J'ai allongé[7] mes jambes et refusé qu'on débarrasse[8] le couvert[9] d'en face. J'ai commandé un bon vin, un Gruaud-Larose je crois... et tandis que je fumais les yeux mi-clos[10] en savourant[11] un petit rayon de soleil, je la regardais s'approcher.

Je la regardais et je la regardais encore. Je ne cessais[12] de penser à elle et à ce que nous faisions quand nous étions

---

1   le prétexte: Vorwand
2   le coeur en vrille: *etwa* mit einem Stich im Herzen
3   la chevelure: les cheveux, la coiffure
4   desserrer: lockern
5   le col: Kragen
6   acre: bitter, herb
7   allonger qn/qc: jdn./etw. ausstrecken/hinlegen
8   débarasser: *hier* abräumen
9   le couvert: das Gedeck
10 les yeux mi-clos: les yeux presque fermés
11 savourer qc: etw. genießen
12 cesser de faire qc: aufhören etw. zu tun

ensemble et quand nous dormions dans le même lit. Jamais je ne me suis demandé si je l'aimais toujours ou quels étaient mes exacts sentiments à son égard[1]. Ça n'aurait servi à rien. Mais j'aimais la retrouver au détour[2] d'un moment de
5 solitude. Je dois le dire parce que c'est la vérité.

Heureusement pour moi, ma vie ne me laissait pas beaucoup de moments de solitude. Il fallait vraiment qu'un client désolé m'oublie complètement ou que je sois seul, la nuit, dans ma voiture et sans souci pour y parvenir[3]. Autant
10 dire, presque jamais.

Et même si j'avais envie de me laisser aller à un gros coup de blues, de nostalgie, de prendre un ton badin[4] par exemple et d'essayer de retrouver son numéro de téléphone par le minitel[5] ou une autre ânerie[6] de ce genre, je sais maintenant
15 que c'est hors de question car depuis quelques années, j'ai de vrais garde-fous[7]. Les plus farouches[8] : mes enfants.

Je suis fou de mes enfants. J'en ai trois, une grande fille de sept ans, Marie, une autre qui en aura bientôt quatre, Joséphine, et Yvan, le petit dernier qui n'a pas deux ans.
20 D'ailleurs c'est moi qui ai supplié[9] ma femme de m'en faire un troisième, je me souviens qu'elle parlait de fatigue et d'avenir mais j'aime tellement les bébés, leur charabia[10] et

---

1 à son égard: *ici* pour elle, en ce qui la concerne
2 au détour de: *ici* dans
3 parvenir à faire qc: arriver à faire qc
4 badin/e: pas sérieux/-euse
5 le minitel: BTX, Endgerät der France Telecom mit vielen zusätzlichen Dienstleistungen (1980er Jahre)
6 l'ânerie *f.*: Eselei, Dummheit
7 le garde-fou: Schutzgitter
8 farouche: sauvage, difficile à contrôler
9 supplier qn de faire qc: prier/demander qn de faire qc, solliciter qc de qn
10 le charabia: *fam.* Kauderwelsch

54 Anna Gavalda

leurs câlins[1] mouillés[2]... Allez... je lui disais, fais-moi encore un enfant. Elle n'a pas résisté longtemps et rien que pour ça, je sais qu'elle est ma seule amie et que je ne m'en éloignerai[3] pas. Même si je côtoie[4] une ombre[5] tenace[6].

Mes enfants sont la meilleure chose qui me soit jamais arrivée.

Une vieille histoire d'amour ne vaut rien à côté de ça. Rien du tout.

➤➤ *voir Sujets d'étude B, p. 67*

* * *

Voilà à peu près comment j'ai vécu et puis la semaine dernière, elle a dit son prénom au téléphone :

— C'est Hélèna.

— Hélèna ?

— Je ne te dérange pas ?

J'avais mon petit garçon sur les genoux qui essayait d'attraper le combiné[7] en couinant[8].

— Ben...

— C'est ton enfant ?

— Oui.

— Il a quel âge ?

— ... Pourquoi tu m'appelles comme ça ?

— Il a quel âge ?

— Vingt mois.

— Je t'appelle parce que je voudrais te voir.

---

1 le câlin: Zärtlichkeit, Küsschen, Liebkosung
2 mouillé/e: ≠ sec/sèche
3 s'éloigner de qn/qc: s'en aller, abandonner qn/qc
4 côtoyer qn: engen Kontakt haben mit jdm.
5 l'ombre *f.*: Schatten
6 tenace: erbittert, hartnäckig
7 le combiné: Telefonhörer
8 couiner: quieken

— Tu veux me voir ?

— Oui.

— Qu'est-ce que c'est que ces conneries ? Juste comme ça. Tu t'es dit tiens !… J'ai envie de le revoir…

— Presque comme ça.

— Pourquoi ?… Je veux dire, pourquoi maintenant ?… Après toutes ces ann…

— … Douze ans. Ça fait douze ans.

— Bon. Et alors ?… Qu'est-ce qui se passe ? Tu te réveilles ? Qu'est-ce que tu veux ? Tu veux savoir l'âge de mes enfants ou si j'ai perdu mes cheveux ou… ou voir l'effet que tu me ferais ou… ou c'est juste comme ça, pour parler du bon vieux temps ?!

— Écoute, je ne pensais pas que tu allais le prendre comme ça, je vais raccrocher[1]. Je suis désolée. Je…

— Comment tu as retrouvé mon numéro ?

— Par ton père.

— Quoi !

— J'ai appelé ton père tout à l'heure et je lui ai demandé ton numéro, c'est tout.

— Il s'est rappelé de toi ?

— Non. Enfin… je ne lui ai pas dit qui j'étais.

J'ai posé mon fils par terre qui est parti rejoindre[2] ses sœurs dans leur chambre. Ma femme n'était pas là.

— Attends, ne quitte pas… « Marie ! Est-ce que tu peux lui remettre ses chaussons[3], s'il te plaît ? »… Allô ? Tu es là ?

— Oui.

— Alors ?…

— Alors quoi ?…

— Tu veux qu'on se revoie ?

---

1 raccrocher: auflegen
2 rejoindre qn: retrouver qn
3 le chausson: Hausschuh

— Oui. Enfin pas longtemps. Juste prendre un verre ou marcher un petit moment, tu vois…

— Pourquoi. A quoi ça servirait ?

— C'est juste que j'ai envie de te revoir. De parler un petit peu avec toi.

— Hélèna ?

— Oui.

— Pourquoi tu fais ça ?

— Pourquoi ?

— Oui pourquoi tu me rappelles ? Pourquoi si tard ? Pourquoi maintenant ? Tu ne t'es même pas demandé si tu risquais pas de mettre le merdier[1] dans ma vie… Tu fais mon numéro et tu…

— Écoute Pierre. Je vais mourir.

— …

— Je t'appelle maintenant parce que je vais mourir. Je ne sais pas exactement quand mais dans pas très longtemps.

J'éloignais le téléphone de mon visage comme pour reprendre un peu d'air et j'essayais de me relever mais sans succès.

— C'est pas vrai.

— Si c'est vrai.

— Qu'est-ce que tu as ?

— Oh… c'est compliqué. Pour résumer on pourrait dire que c'est mon sang qui… enfin je ne sais plus trop ce qu'il a maintenant parce que les diagnostics s'embrouillent[2] mais enfin c'est un drôle de truc quoi.

Je lui ai dit :

— Tu es sûre ?

---

1 le merdier: *vulg.* Chaos, Saustall
2 s'embrouiller: devenir compliqué/e

— Attends ? Mais qu'est-ce que tu crois ? Que je te raconte des craques[1] bien mélo[2] pour avoir une raison de t'appeler ?!!

— Excuse-moi.

— Je t'en prie[3].

— Ils se trompent peut-être.

— Oui... Peut-être.

— Non ?

— Non. Je ne crois pas.

— Comment c'est possible ?

— Je ne sais pas.

— Tu souffres ?

— Couci-couça[4].

— Tu souffres ?

— Un petit peu en fait.

— Tu veux me revoir *une dernière fois* ?

— Oui. On peut dire ça comme ça.

— ...

— Tu n'as pas peur d'être déçue ? Tu ne préfères pas rester sur une... bonne image ?

— Une image de quand tu étais jeune et beau ?

Je l'entendais sourire.

— Exactement. Quand j'étais jeune et beau et que je n'avais pas encore de cheveux blancs...

— Tu as des cheveux blancs ?!

— J'en ai cinq je crois.

— Ah ! ça va, tu m'as fait peur ! Tu as raison. Je ne sais pas si c'est une bonne idée mais j'y pense depuis un bout de temps[5]... et je me disais que c'était vraiment une chose qui

---

1 la craque: *fam.* Lügenmärchen

2 mélo: *fam.* mélodramatique

3 je t'en pris: *hier* schon gut

4 couci-couça: *fam.* comme si comme ça

5 un bout de temps: *fam.* quelque temps

me ferait plaisir... Alors comme il n'y a plus beaucoup de choses qui me font plaisir ces derniers temps... je... je t'ai appelé.

— Tu y penses depuis combien de temps ?

— Douze ans ! Non... Je plaisante. J'y pense depuis quelques mois. Depuis mon dernier séjour à l'hôpital pour être exacte.

— Tu veux me revoir, tu crois ?

— Oui.

— Quand ?

— Quand tu veux. Quand tu peux.

— Tu vis où ?

— Toujours pareil. À cent kilomètres de chez toi je crois.

— Hélèna ?

— Oui ?

— Non rien.

— Tu as raison. Rien. C'est comme ça. C'est la vie et je ne t'appelle pas pour détricoter[1] le passé ou mettre Paris dans une bouteille[2] tu sais. Je... Je t'appelle parce que j'ai envie de revoir ton visage. C'est tout. C'est comme les gens qui retournent dans le village où ils ont passé leur enfance ou dans la maison de leurs parents... ou vers n'importe quel endroit qui a marqué leur vie.

— C'est comme un pèlerinage[3] quoi.

Je me rendais compte que je n'avais plus la même voix.

— Oui exactement. C'est comme un pèlerinage. À croire que ton visage est un endroit qui a marqué ma vie.

— C'est toujours triste les pèlerinages.

— Pourquoi tu dis ça ?! Tu en as jamais fait !?

---

1 détricoter qc: aufribbeln, zurückspulen (tricoter: stricken)

2 mettre Paris dans une bouteille: *prov.* faire quelque chose d'impossible

3 le pèlerinage: Wallfahrt (le/la pèlerin/e: Pilger/in)

— Non. Si. À Lourdes…

— Oh ben alors oui… alors là, Lourdes, évidemment…

Elle se forçait à prendre un ton moqueur[1].

J'entendais les petits qui se chamaillaient[2] et je n'avais
5 plus du tout envie de parler. J'avais envie de raccrocher. J'ai
fini par lâcher[3] :

— Quand ?

— C'est toi qui me dis.

— Demain ?

10 — Si tu veux.

— Où ?

— À mi-chemin[4] entre nos deux villes. À Sully[5] par
exemple…

— Tu peux conduire ?

15 — Oui. Je peux conduire.

— Qu'est-ce qu'il y a à Sully ?

— Ben pas grand-chose j'imagine… on verra bien. On
n'a qu'à s'attendre devant la mairie…

— À l'heure du déjeuner ?

20 — Oh non. C'est pas très rigolo[6] de manger avec moi
tu sais…

Elle se forçait à rire encore.

— … Après l'heure du déjeuner ça serait mieux.

➠ *voir Sujets d'étude C, p. 68*

* * *

---

1 moqueur/-euse: spöttisch
2 se chamailler: *fam.* se disputer
3 lâcher: *ici* dire
4 à mi-chemin: auf halber Strecke
5 Sully: Sully-sur-Loire, petite ville près d'Orléans
6 rigolo: *fam.* drôle

Il n'a pas pu s'endormir cette nuit-là. Il a regardé le plafond[1] en ouvrant grand ses yeux. Il voulait les garder bien secs. Ne pas pleurer.

Ce n'était pas à cause de sa femme. Il avait peur de se tromper[2], de pleurer sur la mort de sa vie intérieure à lui plutôt que sur sa mort à elle. Il savait que s'il commençait, il ne pourrait plus s'arrêter.

Ne pas ouvrir les vannes[3]. Surtout pas. Parce que depuis tant d'années maintenant qu'il paradait[4] et qu'il grognait[5] sur la faiblesse[6] des gens. Des autres. De ceux qui ne savent pas ce qu'ils veulent et qui traînent[7] toute leur médiocrité[8] après eux.

Tant d'années qu'il regardait avec une tendresse de merde le temps de sa jeunesse. Toujours, quand il pensait à elle, il relativisait, il faisait semblant d'en sourire ou d'y comprendre quelque chose. Alors qu'il n'avait jamais rien compris.

Il sait parfaitement qu'il n'a aimé qu'elle et qu'il n'a jamais été aimé que par elle. Qu'elle a été son seul amour et que rien ne pourra changer tout ça. Qu'elle l'a laissé tomber comme un truc encombrant[9] et inutile. Qu'elle ne lui a jamais tendu la main[10] ou écrit un petit mot pour lui dire de se relever[11]. Pour lui avouer[12] qu'elle n'était pas si bien que ça. Qu'il se trompait. Qu'il valait mieux qu'elle. Ou bien

---

1 le plafond: (Zimmer)Decke
2 se tromper sur/de qc: confondre qc, faire erreur f.
3 la vanne: Sperre, Schleusentor
4 parader: herumstolzieren
5 grogner: schimpfen, murren
6 la faiblesse: ≠ la force
7 traîner qc: etw. nachziehen
8 la médiocrité: Mittelmäßigkeit
9 encombrant/e: quelque chose qui gêne, qui en est de trop
10 tendre la main à qn: faire un geste pour donner la main à qn
11 se relever: → se lever
12 avouer qc à qn: jdm. etw. gestehen

qu'elle avait fait l'erreur de sa vie et qu'elle l'avait regretté en secret. Il savait combien elle était orgueilleuse[1]. Lui dire que pendant douze ans elle avait morflé[2] elle aussi et que maintenant elle allait mourir.

5   Il ne voulait pas pleurer et pour s'en empêcher, il se racontait n'importe quoi. Oui, c'est ça. N'importe quoi. Sa femme en se retournant, a posé sa main sur son ventre et aussitôt il a regretté tous ces délires[3]. Bien sûr qu'il a aimé et été aimé par une autre, bien sûr. Il regarde ce visage près
10 de lui et il prend sa main pour l'embrasser. Elle sourit dans son sommeil[4].

    Non il n'a pas à gémir. Il n'a pas à se mentir. La passion romantique, hé ho, ça va un moment. Mais maintenant basta, hein. En plus demain après-midi ça ne l'arrange pas trop à
15 cause de son rendez-vous avec les gars de Sygma II[5]. Il va être obligé de mettre Marcheron sur le coup[6] et ça vraiment, ça ne l'arrange pas parce qu'avec Marcheron…

    Il n'a pas pu s'endormir cette nuit-là. Il a pensé à plein de choses.

20   C'est comme ça qu'il pourrait expliquer son insomnie[7], sauf que[8] sa lampe éclaire[9] mal et qu'il n'y voit rien et que, comme au temps des gros chagrins[10], il se cogne partout.

* * *

---

1   orgueilleux/-euse: hochmütig, stolz
2   morfler: *fam.* einstecken, hinnehmen, leiden
3   le délire: Wahnvorstellung
4   le sommeil: Schlaf
5   Sygma II: une grande agence photographique parisienne
6   mettre qn sur le coup: *fam.* jdn. einweihen
7   l'insomnie *f.*: Schlaflosigkeit
8   sauf que: außer dass
9   éclairer: leuchten
10   le chagrin: ≠ la joie

Elle n'a pas pu s'endormir cette nuit-là mais elle a l'habitude. Elle ne dort presque plus. C'est parce qu'elle ne se fatigue plus assez dans la journée. C'est la théorie du médecin. Ses fils sont chez leur père et elle ne fait que pleurer.

Pleurer. Pleurer. Pleurer. [5]

Elle se brise[1], elle lâche du lest[2], elle se laisse déborder[3]. Elle s'en fout, elle pense que maintenant ça va bien, qu'il faudrait passer à autre chose et dégager la piste[4] parce que l'autre a beau dire[5] qu'elle ne se fatigue pas, il n'y comprend rien avec sa blouse proprette[6] et ses mots compliqués. En [10] vérité elle est épuisée[7]. Épuisée. Elle pleure parce que, enfin, elle a rappelé Pierre. Elle s'est toujours débrouillée[8] pour connaître son numéro de téléphone et plusieurs fois, ça lui est arrivé de composer[9] les dix chiffres qui la séparaient de lui, d'entendre sa voix et de raccrocher précipitamment[10]. [15] Une fois même, elle l'a suivi pendant toute une journée parce qu'elle voulait savoir où il vivait et quelle était sa voiture, où il travaillait, comment il s'habillait et s'il avait l'air soucieux[11]. Elle a suivi sa femme aussi. Elle avait été obligée de reconnaître qu'elle était jolie et gaie et qu'elle [20] avait des enfants de lui.

---

1   se briser: se casser
2   lâcher du lest: Ballast abwerfen
3   se laisser déborder: sich überrollen lassen
4   dégager la piste: *ici* penser à autre chose
5   avoir beau faire qc: etw. noch so sehr tun können /
      etw. vergebens tun
6   propret/te: joli/e
7   épuisé/e: très fatigué/e
8   se débrouiller: savoir régler les choses, résoudre ses problèmes
9   composer le numéro: faire le numéro
10 précipitamment: très rapidement, vite
11 soucieux/-euse: sorgenvoll, bekümmert

Elle pleure parce que son cœur s'est remis[1] à battre[2] aujourd'hui alors qu'elle n'y croyait plus depuis longtemps. Elle a eu une vie plus dure que ce qu'elle aurait imaginé. Elle a surtout connu la solitude[3]. Elle croyait que c'était trop tard maintenant pour sentir quelque chose, qu'elle avait mangé tout son pain blanc[4]. Surtout depuis qu'ils se sont excités un jour sur une prise de sang[5], un examen de routine passé par hasard parce qu'elle se sentait patraque[6]. Tous, les petits docteurs et les grands professeurs, avaient un avis sur ce truc-là mais plus grand chose à dire quand il s'était agi de l'en sortir.

Elle pleure pour tellement de raisons qu'elle n'a pas envie d'y penser. C'est toute sa vie qui lui revient dans la figure. Alors, pour se protéger un peu, elle se dit qu'elle pleure pour le plaisir de pleurer et c'est tout.

➺ *voir Sujets d'étude D, p. 68*

⋆ ⋆ ⋆

Elle était déjà là quand je suis arrivé et elle m'a souri. Elle m'a dit c'est sûrement la première fois que je ne te fais pas attendre, tu vois il ne fallait pas désespérer[7] et moi je lui ai répondu que je n'avais pas désespéré.

Nous ne nous sommes pas embrassés. Je lui ai dit tu n'as pas changé. C'est idiot comme remarque mais c'était ce que je pensais sauf que je la trouvais encore plus belle. Elle était très pâle et on voyait toutes ses petites veines[8] bleues autour

---

1 se remettre à faire qc: recommencer à faire qc
2 battre: schlagen
3 la solitude: → seul/e
4 manger tout son pain blanc: *loc.* vivre/faire l'agréable *m.*
5 la prise de sang *m.*: Blutprobe, Blutentnahme
6 se sentir patraque: *fam.* se sentir mal
7 désespérer: être sans espoir *m.*, ne plus avoir de courage *m.*
8 la veine: Vene

64 Anna Gavalda

de ses yeux, sur ses paupières[1] et sur ses tempes[2]. Elle avait maigri et son visage était plus creux[3] qu'avant. Elle avait l'air plus résignée alors que je me souviens de l'impression de vif-argent[4] qu'elle donnait avant. Elle ne cessait[5] de me regarder. Elle voulait que je lui parle, elle voulait que je me taise[6]. Elle me souriait toujours. Elle voulait me revoir et moi je ne savais pas comment bouger mes mains si je pouvais fumer ou toucher son bras.

C'était une ville sinistre[7]. Nous avons marché jusqu'au jardin public un peu plus loin.

Nous nous sommes raconté nos vies. C'était assez décousu[8]. Nous gardions nos secrets. Elle cherchait ses mots. À un moment, elle m'a demandé la différence entre désarroi[9] et désœuvrement[10]. Je ne savais plus. Elle a fait un geste pour me signifier que, de toute façon, c'était sans importance. Elle disait que tout cela l'avait rendue trop amère[11] ou trop dure en tout cas trop différente de ce qu'elle était vraiment à l'origine.

Nous n'avons presque pas évoqué[12] sa maladie sauf au moment où elle a parlé de ses enfants en disant que ce n'était pas une vie pour eux. Peu de temps avant, elle avait voulu leur faire cuire des nouilles[13] et même ça, elle n'y était pas

---

1 la paupière: Augenlid
2 la tempe: Schläfe
3 creux/-euse: hohl
4 le vif-argent: Quecksilber
5 cesser de faire qc: aufhören etw. zu tun
6 se taire: ne plus rien dire
7 sinistre: sombre, *ici* triste
8 décousu/e: sans ordre *m.*, sans structure *f.*
9 le désarroi: Ratlosigkeit
10 le désœuvrement: Untätigkeit, Müßiggang
11 amer/-ère: bitter
12 évoquer qc: parler de qc
13 la nouille: Nudel

arrivée à cause de la casserole d'eau qui était trop lourde à soulever[1] et que non vraiment, ça n'était plus une vie. Ils avaient eu plus que leur temps de chagrin à présent.

Elle m'a fait parler de ma femme et de mes enfants et de mon travail. Et même de Marcheron. Elle voulait tout savoir mais je voyais bien que la plupart du temps, elle ne m'écoutait pas.

Nous étions assis sur un banc écaillé[2] en face d'une fontaine qui n'avait rien dû cracher depuis le jour de son inauguration[3]. Tout était laid[4]. Triste et laid. L'humidité[5] commençait à tomber et nous nous tassions[6] un peu sur nous-mêmes pour nous réchauffer.

Enfin elle s'est levée, il était temps pour elle d'y aller.

Elle m'a dit j'ai une faveur[7] à te demander, juste une. Je voudrais te sentir. Et comme je ne répondais pas, elle m'a avoué que pendant toutes ces années elle avait eu envie de me sentir et de respirer[8] mon odeur. Je gardais mes mains bien au fond des poches de mon manteau parce que sinon je…

Elle est allée derrière mon dos et elle s'est penchée sur mes cheveux. Elle est restée comme ça un long moment et je me sentais terriblement mal. Ensuite avec son nez, elle est allée au creux de ma nuque et tout autour de ma tête, elle a pris son temps et puis elle est descendue le long de mon

---

1   soulever qc: etw. hochheben
2   le banc écaillé/e: Bank mit abgeblätterter Farbe
3   l'inauguration *f.*: Einweihung
4   laid/e: ≠ beau/belle
5   l'humidité *f.*: Feuchtigkeit
6   se tasser: se faire plus petit/e (pour avoir chaud)
7   demander une faveur: demander qn de faire qc
8   respirer: atmen

cou vers le col de ma chemise. Elle inspirait[1] et gardait, elle aussi, ses mains dans son dos. Ensuite elle a desserré[2] ma cravate et ouvert les deux premiers boutons de ma chemise et j'ai senti le bout de ses narines[3] toutes froides contre la naissance de mes clavicules[4], je… je…

J'ai eu un mouvement un peu brusque. Elle s'est relevée dans mon dos et elle a posé ses deux mains bien à plat sur mes épaules. Elle m'a dit je vais m'en aller. Je voudrais que tu ne bouges pas et que tu ne te retournes pas. Je t'en supplie[5]. Je t'en supplie.

Je n'ai pas bougé. De toute façon je n'en avais pas envie parce que je ne voulais pas qu'elle me voie avec mes yeux gonflés[6] et ma gueule toute tordue[7].

J'ai attendu assez longtemps et je suis reparti vers ma voiture.

➻ *voir Sujets d'étude E, p. 68*

---

1 inspirer: einatmen
2 desserrer qc: etw. lockern
3 la narine: Nasenloch
4 la clavicule: Schlüsselbein
5 je t'en supplie: je t'en prie
6 gonflé/e: angeschwollen
7 tordu/e: verzerrt

Sujets d'étude

A. Page 47, l. 1 – page 49, l. 8

1. Exposez ce qui se passe un dimanche à la gare et comment est-ce que ce jour change la vie du narrateur.
2. Rédigez une des lettres du personnage principal à la jeune femme qui l'a quitté.
3. Avant de lire la suite de l'histoire, décrivez votre idée d'une relation heureuse.

B. Page 49, l. 9 – page 54, l. 8

1. Donnez un titre à chaque paragraphe de cette partie et justifiez votre choix à l'aide du texte.
2. Décrivez le changement de Pierre qui se révèle dans cette partie.
3. Organisez un jeu de rôle. A la télé, il y a un talk-show où on a invité la jeune femme, le protagoniste et sa femme. Ils sont assis sur la « chaise de l'accusé » et doivent répondre aux questions et réagir aux reproches des invités en s'expliquant et en se justifiant.
4. La vie que mène le protagoniste avec sa femme correspond-elle à votre idée d'une relation heureuse (cf. A, ex. 3) ? Commentez.
5. La jeune femme téléphone à Pierre. Écrivez leur conversation.

C. Page 54, l. 9 – page 59, l. 23

1. Indiquez la raison pour laquelle Hélèna appelle Pierre.
2. Décrivez la réaction de Pierre à ce nouveau contact.
3. Comparez votre conversation (cf. B, ex. 5) à la conversation dans la nouvelle.

D. Page 60, l. 1 – page 63, l. 15

1. Analysez la réaction d'Hélèna et de Pierre à la conversation au téléphone.
2. Rédigez la fin de la nouvelle.
3. Est-ce que la nouvelle rencontre vous semble une bonne idée ? Discutez.

E. Page 63, l. 16 – page 66, l. 15

1. Décrivez l'atmosphère pendant la rencontre. À quel point est-ce que les sentiments des personnages vont avec le lieu du rendez-vous ?
2. Jeu de rôle : Après avoir rencontré Hélèna, Pierre avoue à sa femme qu'il vient de la revoir. Écrivez le dialogue et jouez la scène.

Après la lecture

1. Exposez brièvement le sujet du texte.
2. Caractérisez le personnage principal en considérant son changement.
3. Expliquez pourquoi l'auteur utilise un changement de perspective. A quel point est-ce que ce changement marque la structure de la nouvelle ?
4. Appeler son ancien ami et le revoir – un acte égoïste d'Hélèna ? Commentez son comportement.

Anna Gavalda

Le fait du jour

Je ferais mieux d'aller me coucher mais je ne peux pas.

Mes mains tremblent.

Je crois que je devrais écrire une sorte de rapport. J'ai l'habitude. J'en rédige un par semaine, le vendredi après-
5 midi, pour Guillemin mon responsable. Là, ça sera pour moi.

Je me dis : « Si tu racontes tout en détail, si tu t'appliques[1] bien, à la fin quand tu te reliras, tu pourras croire pendant deux secondes que le couillon[2] de l'histoire c'est un autre
10 gars[3] que toi et là, tu pourras peut-être te juger objectivement. Peut-être. »

Donc je suis là. Je suis assis devant mon petit portable[4] qui me sert d'habitude pour le boulot, j'entends le bruit de la machine à laver la vaisselle en bas.

15 Ma femme et mes gosses sont au lit depuis longtemps. Mes gosses, je sais qu'ils dorment, ma femme sûrement pas. Elle me guette[5]. Elle essaye de savoir. Je pense qu'elle a peur parce qu'elle sait déjà qu'elle m'a perdu. Les femmes sentent ces choses-là. Mais je ne peux pas venir contre elle
20 et m'endormir, elle le sait bien. Il faut que j'écrive tout ça maintenant pour ces deux secondes qui seront peut-être tellement importantes, si j'y arrive.

➤➤ *voir Sujets d'étude A, p. 84*

---

1 s'appliquer à faire qc: sich bemühen etw. zu tun
2 le couillon: *fam.* l'idiot/e
3 le gars: *fam.* le garçon, l'homme
4 le portable: *ici* l'ordinateur portable
5 guetter qn/qc: oberserver qn/qc, espionner qn/qc

Je commence au début.

J'ai été engagé chez Paul Pridault le premier septembre 1995. Avant j'étais chez un concurrent mais il y avait trop de petits détails irritants qui s'accumulaient[1], comme par exemple les notes de frais[2] payées avec six mois de retard, et j'ai tout plaqué[3] sur un coup de tête[4].

Je suis resté presque un an au chômage.

Tout le monde pensait que j'allais devenir marteau[5] à tourner en rond chez moi en attendant un coup de téléphone de la boîte d'interim[6] où je m'étais inscrit.

Pourtant c'est une époque qui restera toujours comme un bon souvenir. J'ai pu enfin finir la maison. Tout ce que Florence me réclamait[7] depuis si longtemps : j'ai accroché toutes les tringles à rideaux[8], j'ai arrangé une douche dans le cagibi[9] du fond, j'ai loué un motoculteur[10] et j'ai retourné tout le jardin avant d'y remettre un beau gazon[11] tout neuf.

Le soir j'allais chercher Lucas chez la nourrice[12] puis on passait prendre sa grande soeur à la sortie de l'école. Je leur préparais des gros goûters avec du chocolat chaud. Pas du Nesquik, du vrai cacao touillé[13] qui leur dessinait des moustaches magnifiques. Après, dans la salle de bains, on se regardait dans la glace avant de les lécher[14].

---

1   s'accumuler: sich ansammeln, sich anhäufen
2   la note de frais: Spesenabrechnung
3   plaquer qc: *fam.* quitter/abandonner qn/qc
4   sur un coup de tête: subitement, brusquement
5   devenir marteau: *fam.* devenir fou/folle
6   la boîte d'interim: *fam.* Zeitarbeitsfirma
7   réclamer qc: demander qc
8   la tringle à rideaux *m.*: le baton / la barre qui tient les rideaux
9   le cagibi: *fam.* Abstellkammer, Kabuff
10   le motoculteur: Garten-, Bodenfräse
11   le gazon: Rasen
12   la nourrice: femme qui s'occupe des enfants à la maison
13   touiller qc: *fam.* etw. an-/umrühren
14   lécher qc: etw. lecken

Au mois de juin, quand j'ai réalisé que le petit n'irait plus chez madame Ledoux parce qu'il avait l'âge de la maternelle[1], j'ai recommencé à chercher du boulot sérieusement et en août, j'en ai trouvé.

5   Chez Paul Pridault, je suis agent commercial[2] sur tout le grand Ouest. C'est une grosse entreprise de cochonnailles[3]. Comme une charcuterie[4] si vous voulez, mais à l'échelle[5] industrielle.

Le coup de génie du père Pridault, c'est son jambon au
10 torchon[6] emballé dans un vrai torchon à carreaux rouge et blanc. Évidemment c'est un jambon d'usine fabriqué avec des cochons d'usine sans parler du fameux torchon de paysan qui est fabriqué en Chine mais n'empêche que[7] c'est avec ça qu'il est connu et maintenant – toutes les études de marché[8]
15 le prouvent – si vous demandez à une ménagère derrière son caddie[9] ce que Paul Pridault évoque[10] pour elle, elle vous répondra « jambon au torchon » et si vous insistez, vous saurez que le jambon au torchon il est forcément[11] meilleur que les autres à cause de son petit goût authentique.
20 Chapeau[12], l'artiste.

---

1   l'âge *m.* de la maternelle: l'âge pour rentrer à l'école maternelle (trois ans)
2   l'agent commercial: Handelsvertreter
3   les cochonnailles *f.*: toute sorte de viandes et de saucisses de porc
4   la charcuterie: la boucherie
5   l'échelle *f.*: *hier* Maßstab
6   le torchon: petite serviette qui sert dans la cuisine
7   n'empêche que: quand même
8   l'étude *f.* de marché: Marktstudie
9   le caddie *angl.*: le chariot (d'un magasin)
10 évoquer qc: associer qn/qc avec qn/qc
11 forcément: sans doute, obligatoirement
12 chapeau!: Hut ab! Respekt!

On fait un chiffre d'affaires annuel net[1] de trente-cinq millions[2].

Je passe plus de la moitié de la semaine derrière le volant de ma voiture de fonction[3]. Une 306[4] noire avec une tête de cochon rigolard[5] décalquée[6] sur les côtés.

Les gens n'ont aucune idée de la vie que mènent les gars qui font la route, les routiers[7] et tous les représentants.

C'est comme s'il y avait deux mondes sur l'autoroute : ceux qui se promènent et nous.

C'est un ensemble de choses. D'abord il y a la relation avec son véhicule.

Depuis la Clio 1L2[8] jusqu'aux énormes semi-remorques[9] allemands, quand on monte là-dedans, c'est chez nous. C'est notre odeur, c'est notre foutoir[10], c'est notre siège qui a pris la forme de notre cul[11] et il s'agirait pas[12] de trop nous titiller[13] avec ça. Sans parler de la cibi[14] qui est un royaume[15] immense et mystérieux avec des codes que peu de gens comprennent. Je ne m'en sers pas beaucoup, je la mets en

---

1 le chiffre d'affaires annuel net: Jahresnettoumsatz
2 35 000 000 francs français équivalaient à 5 350 000 euros
3 la voiture de fonction *f.*: Dienstwagen
4 la 306: une Peugeot 306 (comparable à une Audi A 3)
5 rigolard/e: qui fait rire
6 décalqué/e qc: *hier* mit einer Schablone und Farbpistole auflackiert
7 le routier: le chauffeur d'un poids lourd
8 la Clio 1L2: la Renault Clio (comparable à une Ford Ka)
9 le semi-remorque: Sattelschlepper
10 le foutoir: *vulg.* Saustall / unordentlicher Ort
11 le cul: *vulg.* le derrière, les fesses
12 il s'agirait pas: *hier* besser nicht
13 titiller qn avec qc: jdn. mit etw. necken/foppen
14 la cibi: *angl.* CB-Funk
15 le royaume: Königreich, *hier* Welt

sourdine[1] de temps en temps quand ça sent le roussi[2] mais sans plus.

Il y a aussi tout ce qui concerne la bouffe[3]. Les auberges du Cheval Blanc[4], les restoroutes[5], les promos[6] de l'Arche[7]. Il y a les plats du jour, les pichets[8], les nappes en papier. Tous ces visages qu'on croise[9] et qu'on ne reverra jamais…

Et les culs des serveuses qui sont répertoriés[10], cotés[11] et mis à jour[12] mieux que dans le guide Michelin[13]. (Ils appellent ça le guide Micheline.)

Il y a la fatigue, les itinéraires[14], la solitude, les pensées. Toujours les mêmes et qui tournent toujours dans le vide.

La bedaine[15] qui vient doucement et les putes[16] aussi. Tout un univers qui crée une barrière infranchissable[17] entre ceux qui sont de la route et ceux qui n'y sont pas.

Grosso modo[18] mon travail consiste à faire le tour du propriétaire.

---

1 mettre en sourdine: mettre bas, baisser le son
2 sentir le roussi: *fam. loc.* brenzlig werden (z. B. wegen einer Radarfalle)
3 la bouffe: *fam.* le repas
4 Le Cheval Blanc: un nom typique d'hôtels ou de restaurants en France
5 le restoroute: le restaurant situé au bord des (auto)routes en France
6 la promo(tion): *ici* des repas *m. pl.* à prix reduits
7 l'Arche *f.*: une chaîne de restaurants au bord des autoroutes françaises
8 le pichet: la petite carafe
9 croiser qn/qc: *ici* regarder en passant
10 répertorier qn/qc: noter dans une liste
11 coter qn/qc: juger, noter (surtout à la bourse)
12 mettre à jour qc: actualiser qc
13 le Guide Michelin: un manuel qui qualifie les restaurants
14 l'itinéraire *m.*: le chemin, la route
15 la bedaine: *fam.* le gros ventre
16 la pute: *vulg.* la prostituée
17 infranchissable: unüberwindlich
18 grosso modo: *lat.* en somme

Je suis en contact avec les responsables-alimentation[1] des moyennes et grandes surfaces[2]. Ensemble on définit des stratégies de lancement[3], des perspectives de vente et des réunions d'information sur nos produits.

Pour moi, c'est un peu comme si je me baladais avec une belle fille sous le bras en vantant[4] ses charmes et tous ses mérites[5]. Comme si je voulais lui trouver un beau parti[6].

Mais ce n'est pas tout de la caser[7], encore faut-il qu'on s'occupe bien d'elle et quand j'en ai l'occasion, je teste les vendeuses pour savoir si elles mettent la marchandise[8] en avant, si elles n'essayent pas de vendre du générique[9], si le torchon est bien déplié[10] comme à la télé, si les andouillettes[11] baignent dans leur gelée, si les pâtés sont dans de vraies terrines[12] façon ancienne, si les saucissons sont pendus[13] comme s'ils étaient en train de sécher, et si et si et si…

Personne ne remarque tous ces petits détails et pourtant, c'est ce qui fait la différence Paul Pridault. Je sais que je parle trop de mon boulot et que ça n'a rien à voir avec ce que je dois écrire.

---

1 le responsable-alimentation *f.*: la personne qui est le chef du rayon « alimentation » dans un magasin
2 la grande surface alimentaire (GSA): un supermarché immense
3 le lancement: l'action *f.* de présenter un nouveau produit
4 vanter qn/qc: louer qn/qc, dire des choses positives sur qn/qc
5 le mérite: *ici* la qualité, ce qui rend qn/qc extraordinaire
6 trouver un beau parti à qn: *fam.* se marier avec une personne riche
7 caser qn: *fam.* trouver une place pour qn, marier qn avec / à qn
8 la marchandise: le produit qu'on vend / achète
9 le générique: une copie de l'original *m.*
10 déplier qc: etw. auseinanderfalten
11 l'andouillette *f.*: Kuttelbratwurst (une spécialité française)
12 la terrine: Tonschüssel
13 pendre: (herunter)hängen

Le fait du jour **75**

En l'occurrence[1] c'est du cochon[2] mais j'aurais pu vendre aussi bien du rouge à lèvres ou des lacets[3] de chaussures. Ce que j'aime c'est les contacts, la discussion et voir du pays. Surtout ne pas être enfermé dans un bureau avec un chef
5 sur le dos toute la journée. Rien que d'en parler, ça m'angoisse[4].

➜ *voir Sujets d'étude B, p. 84*

Le lundi 29 septembre 1997, je me suis levé à six heures moins le quart. J'ai ramassé mes affaires sans bruit pour éviter que ma femme ne grogne. Ensuite j'ai eu à peine le
10 temps de prendre ma douche parce que je savais que la voiture était à sec[5] et je voulais en profiter pour vérifier la pression des pneus.

J'ai bu mon café à la station Shell. C'est un truc que je déteste. L'odeur du diesel qui se mélange avec celle du café
15 sucré me donne toujours un peu envie de vomir[6].

Mon premier rendez-vous était à huit heures et demie à Pont-Audemer[7]. J'ai aidé les magasiniers[8] de Carrefour[9] à monter un nouveau présentoir[10] pour nos plats sous vide[11]. C'est une nouveauté qu'on vient de sortir en association[12]

---

1 en l'occurence *f.*: im vorliegenden Fall
2 le cochon: le porc
3 le lacet: Schnürsenkel
4 angoisser qn: faire peur à qn
5 être à sec: *loc.* avoir besoin de liquide, *ici* avoir besoin d'essence *f.*
6 vomir: erbrechen
7 Pont-Audemer: petite ville en Normandie
8 le magasinier: Lagerarbeiter
9 Carrefour: une grande chaîne de supermarché
10 le présentoir: haute table pour présenter la marchandise, un stand au marché
11 les plats *m. pl.* sous vide: vakuumverpackte (Speise)Gerichte
12 en association *f.* avec qn: en coopération *f.* avec qn

avec un grand chef[1]. (Faut voir les marges[2] qu'il se prend pour montrer sa bonne bouille[3] et sa toque[4] sur l'emballage, enfin…)

Le second rendez-vous était prévu à dix heures dans la ZI[5] de Bourg-Achard[6].

J'étais un peu à la bourre[7], surtout qu'il y avait du brouillard sur l'autoroute.

J'ai éteint la radio parce que j'avais besoin de réfléchir.

Je me faisais du souci pour cet entretien, je savais qu'on était sur la sellette[8] avec un concurrent important et pour moi c'était un gros challenge[9]. D'ailleurs, j'ai même failli[10] rater la sortie.

À treize heures j'ai reçu un coup de téléphone paniqué de ma femme :

— Jean-Pierre, c'est toi ?

— Ben qui veux-tu que ce soit ?

— … Mon Dieu… Ça va ?

— Pourquoi tu me demandes ça ?

— À cause de l'accident évidemment ! Ça fait deux heures que j'essaye de t'appeler sur ton portable mais ils disent que toutes les lignes sont saturées[11] ! Ça fait deux heures que je

---

1 le grand chef: le maître cuisinier
2 la marge: la partie/le pourcentage du profit
3 la bouille: *fam.* le visage
4 la toque: *fam.* Kochmütze
5 la ZI: la zone industrielle
6 Bourg-Achard: petite ville en Bretagne
7 être à la bourre: *fam.* être pressé/e parce qu'en est déjà
   un peu en retard
8 être sur la sellette: im Gespräch sein
9 le challenge: *angl.* Herausforderung
10 faillir faire qc: beinahe etw. tun
11 saturé/e: *ici* occupé/e

suis là à stresser comme une malade! J'ai appelé ton bureau au moins dix fois ! Mais merde ! Tu aurais pu m'appeler quand même, tu fais chier[1] à la fin…

— Mais attends de quoi tu me parles là… de quoi tu me parles ?

— De l'accident qui a eu lieu sur l'A13 ce matin. Tu ne devais pas prendre l'A13 aujourd'hui ?

— Mais quel accident ?

— Je rêve !!! C'est TOI qui écoutes France Info[2] toute la journée !!! Tout le monde ne parle que de ça. Même à la télé ! De l'accident horrible qui a eu lieu ce matin près de Rouen.

— …

— Bon allez je te laisse, j'ai plein de boulot… J'ai rien fait depuis ce matin, je me voyais déjà veuve. Je me voyais déjà en train de jeter une poignée de terre dans le trou. Ta mère m'a appelée, ma mère m'a appelée… Tu parles d'une matinée.

— Eh nan[3] ! désolé… c'est pas pour cette fois ! Faudra attendre encore un peu pour te débarrasser[4] de ma mère.

— Espèce d'idiot[5].

— …

— …

— Eh Flo…

— Quoi ?

— Je t'aime.

— Tu me le dis jamais.

---

1 faire chier qn: vulg. ennuyer / inquiéter qn
2 France Info: une radio publique d'information française
3 eh nan: eh bien
4 se débarasser de qn/qc: jdn./etw. loswerden
5 l'espèce f. d'idiot: fam. l'idiot/e

— Et là ? Qu'est-ce que je fais ?

— ... Allez... à ce soir. Rappelle ta mère sinon c'est elle qui va y passer[1].

➤➤ voir Sujets d'étude C, p. 84

À dix-neuf heures j'ai regardé les infos régionales. L'horreur.

Huit morts et soixante blessés :

Des voitures broyées[2] comme des canettes[3]. Combien ? Cinquante ? Cent ?

Des poids lourds couchés et complètement brûlés. Des dizaines et des dizaines de camions du SAMU[4]. Un gendarme qui parle d'imprudence[5], de vitesse excessive, du brouillard annoncé la veille et de certains corps qui n'ont pas encore pu être identifiés. Des gens hagards[6], silencieux, en larmes.

À vingt heures j'ai écouté les titres du journal de TF1[7]. Neuf morts cette fois.

Florence crie depuis la cuisine :

— Arrête avec ça ! Arrête ! Viens me voir.

On a trinqué[8] dans la cuisine. Mais c'était pour lui faire plaisir car le coeur n'y était pas.

---

1 y passer: *fam.* mourir
2 broyer qc: etw. zermalmen
3 la cannette: *ici* la boîte métallique qui contient de la bière
4 le SAMU: le Service d'Aide Médicale Urgente (Notarzt)
5 l'imprudence *f.*: Leichtsinn, Unvorsichtigkeit
6 hagard/e: verstört, entgeistert
7 TF1: chaîne privée de télévision française
8 trinquer: anstoßen, sich zuprosten

Le fait du jour **79**

C'est maintenant que j'avais peur. Je n'ai rien pu manger et j'étais sonné[1] comme un boxeur trop lent.

Comme je n'arrivais pas à dormir ma femme m'a fait l'amour tout doucement.

5 À minuit, j'étais de nouveau dans le salon. J'ai allumé la télé sans le son et j'ai cherché une cigarette partout.

➥ *voir Sujets d'étude D, p. 84*

À minuit et demi, j'ai remonté un tout petit peu le volume pour le dernier journal. Je n'arrivais pas à détacher[2] mon regard de l'amas de tôles[3] qui s'éparpillaient[4] dans les deux
10 sens de l'autoroute.

Quelle connerie[5].

Je me disais : les gens sont quand même trop cons[6]. Et puis un routier est apparu sur l'écran. Il portait un tee-shirt marqué Le Castellet[7]. Je n'oublierai jamais son visage.
15 Ce soir-là, dans mon salon, ce gars a dit :

— D'accord, y avait le brouillard et c'est sûr les gens roulaient trop vite mais tout ce merdier[8] ça serait jamais arrivé si l'autre connard[9] n'avait pas reculé[10] pour rattraper la sortie de Bourg-Achard. De la cabine, j'ai tout vu, forcément.

---

1 sonné/e: *fam.* betäubt
2 détacher son regard de qc: arrêter de regarder qc
3 l'amas *m.* de tôle *f.: fam.* Blechhaufen
4 s'éparpiller: verstreut herumliegen
5 la connerie: *vulg.* Schwachsinn, Blödsinn
6 le/la con/ne: *vulg.* l'idiot/e
7 Le Castellet: le circuit automobile entre Marseille et Toulon
8 le merdier: *vulg.* →la merde
9 le connard: *vulg.* →la connerie (cf. notes 5 et 6)
10 reculer: *ici* rouler en arrière, faire marche *f.* arrière

Y en a deux qui ont ralenti[1] à côté de moi et puis après j'ai entendu les autres s'encastrer[2] comme dans du beurre. Croyez-moi si vous pouvez mais je voyais rien dans les rétros[3]. Rien. Du blanc. J'espère que ça t'empêche pas de dormir mon salaud[4].

C'est ce qu'il m'a dit. À moi.

À moi, Jean-Pierre Faret, à poil[5] dans mon salon.

C'était hier.

Aujourd'hui, j'ai acheté tous les journaux. À la page 3 du Figaro du mardi 30 septembre :

UNE FAUSSE MANŒUVRE[6] SUSPECTÉE

« La fausse manoeuvre d'un conducteur, qui aurait fait marche arrière[7] à l'échangeur[8] de Bourg-Achard (Eure), serait à l'origine de l'enchaînement[9] qui a causé la mort de neuf personnes hier matin dans une série de carambolages[10] sur l'autoroute A13. Cette erreur aurait provoqué le premier carambolage, dans le sens province-Paris, et l'incendie du camion-citerne[11] qui s'est aussitôt ensuivi[12]. Les flammes auraient alors attiré l'attention de… »

---

1   ralentir: rouler moins vite
2   s'encastrer: ineinander fahren, sich ineinander schieben
3   le retro(viseur): *fam.* Rückspiegel
4   le salaud: *fam.* Dreckskerl, Schweinehund
5   à poil: *fam.* nu/e
6   la manœuvre: *hier* Fahrverhalten
7   faire marche *f.* arrière: reculer, rouler en arrière
8   l'échangeur *m.*: Autobahnkreuz
9   l'enchaînement *m.*: Verkettung, (Ursachen)Kette
10   la série de carambolage: Massenunfall
11   le camion-citerne: Tankwagen
12   s'ensuivre: résulter, être la suite/conséquence de qc

Et à la page 3 du Parisien :

L'EFFARANTE[1] HYPOTHÈSE D'UNE FAUSSE MANŒUVRE

« L'imprudence voire[2] l'inconscience[3] d'un automobiliste pourrait être à l'origine du drame qui s'est traduit par cet indescriptible amas de tôles broyées dont neuf personnes au moins ont été retirées hier matin sur l'autoroute A13. Les gendarmes ont en effet recueilli un témoignage[4] effarant selon lequel une voiture a fait marche arrière pour rattraper la sortie de Bourg-Achard, à une vingtaine de kilomètres de Rouen. C'est en voulant éviter cette voiture que les... »

Et comme si ça ne suffisait pas... :

« En voulant traverser l'autoroute pour porter secours aux blessés, deux autres personnes sont tuées, fauchées[5] par une voiture. En moins de deux minutes, une centaine d'autos, trois poids... » (Libération[6], même jour.)
Même pas vingt mètres, à peine, juste un peu ; mordu sur les bandes blanches[7].

Ça m'a pris quelques secondes. J'avais déjà oublié. Mon Dieu...

Je ne pleure pas.

---

1 effarant/e: bestürzend
2 voire: ja sogar
3 l'inconscience *f.*: Leichtsinn, Unachtsamkeit
4 le témoignage: Zeugenaussage
5 faucher qn/qc: *fam. hier* umnieten, umfahren
6 Libération: journal quotidien national français
7 mordre sur la bande blanche: *fam.* durchgezogene weiße Linie auf der Straße überfahren

Florence est venue me chercher dans le salon à cinq heures du matin.

Je lui ai tout raconté. Évidemment.

➡ *voir Sujets d'étude E, p. 85*

Pendant de longues minutes elle est restée assise sans bouger avec ses mains sur son visage.

Elle regardait vers la droite puis vers la gauche comme si elle cherchait de l'air et puis elle m'a dit :

— Écoute-moi bien. Tu ne dis rien. Tu sais que sinon ils vont t'inculper[1] pour homicide involontaire[2] et tu iras en prison.

— Oui.

— Et alors ? Et alors ? Qu'est-ce que ça changera ? Des vies supplémentaires de foutues[3] et qu'est-ce que ça changera ?!

Elle pleurait.

— De toute façon, moi ça y est. Elle est foutue ma vie.

Elle criait.

— La tienne peut-être mais pas celle des enfants ! Alors tu ne dis rien !

Moi je n'arrivais pas à crier.

— Parlons-en des enfants. Regarde-le celui-là. Regarde-le bien.

Et je lui ai tendu le journal, à la page où on voyait un petit garçon en pleurs sur l'autoroute A13. Un petit garçon qui s'éloigne d'une voiture méconnaissable[4].

Une photo dans le journal.

Dans la rubrique « Le Fait du Jour ».

---

1 inculper qn: accuser qn
2 l'homicide *m.* involontaire: fahrlässige Tötung
3 foutu/e: *fam.* cassé/e, détruit/e
4 méconnaissable: ce qu'on ne peut plus reconnaître

Le fait du jour **83**

Il a l'âge de Camille.

— Mais bon sang[1] arrête avec ça !!! C'est ce que gueule ma femme en m'empoignant[2] par le col[3]…

Arrête avec ça merde ! Tu te tais maintenant ! Je vais te poser une question. Une seule. À quoi ça sert qu'un gars comme toi aille en taule[4] ? Hein, dis-moi, à quoi ça servirait ?!

— À les consoler[5].

Elle est partie effondrée[6].

Je l'ai entendue qui s'enfermait dans la salle de bains. Ce matin, devant elle, j'ai hoché[7] la tête mais là, maintenant, ce soir, dans ma maison silencieuse avec juste le lave-vaisselle en bruit de fond…

Je suis perdu.

Je vais descendre, je vais boire un verre d'eau et je vais fumer une cigarette dans le jardin. Après je vais remonter et je vais tout relire d'une traite[8] pour voir si ça m'aide.

Mais je n'y crois pas.

➦ *voir Sujets d'étude F, p. 85*

---

1 bon sang!: *fam.* um Himmels Willen!
2 empoigner qn/qc: prendre/tenir qn/qc
3 le col: Kragen
4 la taule: *fam.* la prison
5 consoler qn: jdn. trösten
6 effondré/e: völlig aufgelöst, am Boden zerstört
7 hocher la tête: dire « non » avec la tête
8 d'une traite: sans s'arrêter, sans faire de pause

Sujets d'étude

A. Page 69, l. 1 – page 69, l. 22

1. Résumez le début de l'histoire.
2. Indiquez le but du protagoniste pour lequel il veut raconter « tout en détail » (p. 69, l. 7).
3. À quelle sorte d'histoire est-ce que vous vous attendez ? Rédigez en résumé le déroulement que vous imaginez.

B. Page 70, l. 1 – page 75, l. 6

1. Exposez brièvement le sujet de cette partie du texte.
2. Présentez en peu de mots le personnage qui écrit ce « rapport ».
3. Présentez la vie du routier selon le texte.
4. Précisez la théorie du protagoniste concernant les deux mondes qui existent sur les autoroutes.

C. Page 75, l. 7 – page 78, l. 3

1. Décrivez la journée de Jean-Pierre jusqu'à 13 heures.
2. Résumez l'appel téléphonique.
3. Jean-Pierre appelle sa mère. Écrivez le dialogue et présentez-le.

D. Page 78, l. 4 – page 79, l. 6

1. Présentez les faits de l'accident.
2. Expliquez l'inquiétude de Jean-Pierre. Qu'est-ce qui l'empêche de dormir ?

E. Page 79, l. 7 – page 82, l. 3

1. Résumez à l'aide des informations télévisées et celles des journaux comment l'accident s'est passé et qui en sont les victimes.
2. Commet Jean-Pierre se rend-il compte de ce qui s'est vraiment passé ?
   a) Dégagez du texte les différentes étapes de réflexions qu'il fait pour comprendre.
   b) Trouvez pour chaque étape un ou deux adjectifs qui expriment son état d'âme.

F. Page 82, l. 4 – page 83, l. 18

1. Exposez les positions différentes de Jean-Pierre et de sa femme Florence.
2. Discutez la réaction de Florence.

Après la lecture

1. Dites pourquoi et pour qui Jean-Pierre a écrit « cette sorte de rapport » (cf. p. 69, l. 3).
2. Analysez comment le narrateur génère un effet de surprise auprès du lecteur en tenant compte
   – de la perspective narrative
   – de la structure de l'histoire
   – du contenu.
3. a) Jean-Pierre se rend à la police. Écrivez l'article de presse.
   b) Jean-Pierre ne se rend pas à la police. Rédigez la suite de l'histoire.

Anna Gavalda
Épilogue

— Marguerite ! Quand est-ce qu'on mange ?
— Je t'emmerde.[1]

Depuis que j'écris des nouvelles, mon mari m'appelle Marguerite[2] en me tapant sur les fesses[3] et il raconte dans les dîners qu'il va bientôt s'arrêter de travailler grâce à mes droits d'auteur[4] : 5
— Attendez… moi !? Pas de problème, j'attends que ça tombe[5] et je vais chercher les petits à l'école en Jaguar XK8. C'est prévu[6]…
Bien sûr il faudra que je lui masse les épaules de temps 10 en temps et que je supporte ses petites crises de doute mais bon… le coupé ?… Je le prendrai vert dragon[7].
Il délire[8] là-dessus et les autres ne savent plus trop sur quel pied danser[9].
Ils me disent sur le ton qu'on prend pour parler d'une 15 maladie sexuellement transmissible[10] :
— C'est vrai, t'écris ?

---

1 je t'emmerde!: *fam.* du kannst mich mal!
2 Marguerite: Marguerite Duras, célèbre écrivain et dramaturge, scénariste et réalisatrice française (1914–1996)
3 les fesses *f. pl.: fam.* le derrière
4 les droits *m. pl.* d'auteur: Urheberrechte, Copyright
5 j'attends que ça tombe: *etwa* ich warte, dass es passiert
6 prévu/e: geplant
7 vert dragon: drachengrün
8 délirer: herumspinnen
9 ne pas savoir sur quel pied danser: *loc.* nicht wissen, woran man ist
10 transmissible: übertragbar

Épilogue **87**

Et moi je hausse les épaules[1] en montrant mon verre au maître de maison. Je grogne[2] que non, n'importe quoi, presque rien. Et l'autre excité que j'ai épousé un jour de faiblesse nous en remet une couche[3] :

5 — Attendez… mais elle ne vous a pas dit ? Choupinette[4] tu ne leur as pas dit pour le prix que t'as gagné à Saint-Quentin[5] ? Hé !… dix mille balles[6] quand même !!! Deux soirées avec son ordinateur qu'elle a acheté cinq cents francs[7] dans une vente de charité[8] et dix mille balles qui
10 tombent !… Qui dit mieux ? Et je ne vous parle pas de tous ses autres prix… hein Choupinella, restons simples.

C'est vrai que dans ces moments-là, j'ai envie de le tuer.
Mais je le ferai pas.

D'abord parce qu'il pèse quatre-vingt-deux kilos (lui
15 dit quatre-vingts, pure coquetterie) et ensuite parce qu'il a raison.

Il a raison, qu'est-ce que je deviens si je commence à trop y croire ?

Je plante[9] mon boulot ? Je dis enfin des choses horri-
20 bles à ma collègue Micheline ? Je m'achète un petit carnet en peau de zobi[10] et je prends des notes *pour plus tard* ? Je me sens si seule, si loin, si proche, si *différente* ! Je vais me

---

1 hausser les épaules *f. pl.*: mit den Schultern zucken
2 grogner: murren
3 en remettre une couche: *fam.* noch eins draufsetzen
4 Choupinette: *fam.* Schatzi
5 Saint-Quentin: une ville dans le nord de la France où a lieu le *Festival de la nouvelle* (festival littéraire)
6 dix mille balles: dix mille francs français (équivalaient à environ 1500 euros)
7 cinq cent franc français équivalaient à environ 75 euros
8 la vente de charité *f.* : Wohltätigkeitsverkauf
9 planter qn/qc: *fam.* abandonner qn/qc
10 en peau *f.* de zobi: *hier* überzogen mit dem Fell eines Fabeltieres

recueillir[1] sur la tombe de Chateaubriand[2] ? Je dis : « Nan pas ce soir, je t'en prie, j'ai la tête farcie[3] » ? J'oublie l'heure de la nourrice[4] parce que j'ai un chapitre à terminer ?

Il faut les voir les enfants chez la nourrice à partir de cinq heures et demie. Vous sonnez, ils se précipitent[5] tous vers la porte le cœur battant, celui qui vous ouvre est forcément déçu[6] de vous voir puisque vous n'êtes pas là pour lui mais passé la première seconde d'abattement[7] (bouche tordue[8], les épaules qui tombent et le doudou[9] qui retraîne par terre), le voilà qui se retourne vers votre fils (juste derrière lui) et qui hurle[10] :

— LOUIS C'EST TA MAMAN !!!!!

Et vous entendez alors :

— Mais heu… ze sais.

➠ voir Sujets d'étude A, p. 111

* * *

Mais Marguerite fatigue avec toutes ces simagrées[11].

Elle veut en avoir le cœur net[12]. Si elle doit aller à Combourg[13] autant le savoir tout de suite.

---

1 se recueillir sur la tombe de qn: rester devant la tombe d'un mort en pensant à lui
2 Chateaubriand: François-René vicomte de Chateaubriand (1768–1848), écrivain romantique et homme politique français
3 farci/e: plein/e
4 la nourrice: Amme, Tagesmutter
5 se précipiter vers qn/qc: sich auf jdn./etw. stürzen
6 déçu/e: → decevoir (enttäuschen)
7 l'abattement *m*.: Niedergeschlagenheit
8 tordu/e: schief, verzerrt
9 le doudou: *fam*. Teddy
10 hurler: crier très fort
11 les simagrées *f. pl*.: Getue, Gehabe, Ziererei
12 avoir le coeur net: *loc*. Gewissheit haben
13 Combourg: une ville en Bretagne où se trouve le château de la famille Chateaubriand, remise de prix littéraire

Épilogue **89**

Elle a choisi quelques nouvelles (deux nuits blanches[1]),
elle les a imprimées[2] avec sa bécane[3] miteuse (plus de trois
heures pour sortir cent trente-quatre pages !), elle a serré[4]
ses feuilles sur son cœur et les a portées au magasin de
5   photocopies près de la fac de droit[5]. Elle a fait la queue[6]
derrière des étudiantes bruyantes[7] et haut perchées[8] (elle
s'est sentie plouc[9] et vieille la Marguerite).

La vendeuse a dit :
   — Une reliure[10] blanche ou une reliure noire ?
10   Et la voilà qui se morfond[11] de nouveau (blanche ? ça fait
un peu cul-cul communiante[12] non ?… mais noire, ça fait
carrément[13] trop sûre de soi, genre thèse de doctorat[14] non ?…
malheur de malheur).
   Finalement la jeunette[15] s'impatiente[16] :
15   — C'est quoi exactement ?
   — Des nouvelles…
   — Des nouvelles de quoi ?

---

1   la nuit blanche: *loc.* passer une nuit sans dormir
2   imprimer qc: etw. (be)drucken
3   la bécane miteuse: *fam.* un appareil qui ne marche pas très bien,
     hier (Tintenstrahl)Drucker
4   serrer: drücken
5   la fac(ulté) de droit: Jurafakultät der Universität
6   faire la queue: attendre en formant une ligne de gens
7   bruyant/e: ≠ silencieux/-euse
8   haut perché/e: *hier* hochhackig
9   plouc: *fam.* déplacé/e
10 la reliure: Einband
11 se morfondre: réfléchir intensément
12 cul-cul communiante: *fam. péj. etwa* biederes Mädchen
     (Kommunikantin)
13 carrément: *fam.* tout simplement
14 la thèse de doctorat: Doktorarbeit
15 la jeunette: *fam.* junges Ding
16 s'impatienter: ne plus pouvoir attendre

— Non, mais pas des nouvelles de journaux, des nouvelles d'écriture vous voyez ?... C'est pour envoyer à un éditeur...

— ... ???... Ouais... bon ben ça nous dit pas la couleur de la reliure ça...

— Mettez ce que vous voulez je vous fais confiance[1] (*alea jacta est*[2]).

— Ben dans ce cas-là, je vous mets du turquoise parce qu'en ce moment on fait une promo[3] sur le turquoise : 30 francs au lieu de 35[4]... (Une reliure turquoise sur le bureau chic d'un éditeur élégant de la rive gauche[5]... gloups[6].)

— D'accord, va pour le turquoise (ne contrarie[7] pas le Destin[8] ma fille).

L'autre soulève[9] le couvercle[10] de son gros Rank Xerox[11] et te manipule ça comme de vulgaires polycopiés[12] de droit civil et vas-y que je te retourne le paquet dans tous les sens et vas-y que je te corne[13] le coin des feuilles.

L'artiste souffre en silence.

---

1 faire confiance à qn: jdm. vertrauen
2 alea jacta est: *lat.* die Würfel sind gefallen
3 la promo(tion): des produits à prix réduit
4 35 francs français équivalaient à environ cinq euros
5 la rive gauche: das linke Seineufer in Paris
   (Sitz renommierter Verlagshäuser)
6 gloups: *fam.* Schluck!
7 contrarier qn/qc: jdm. widersprechen, jdn./etw. behindern
8 le Destin/destin: Schicksal
9 soulever: heben
10 le couvercle: Deckel
11 le Rank Xerox: la marque d'un photocopieur
12 le polycopié: *hier* Vorlesungsskript, Reader
13 corner: umknicken

Épilogue **91**

En encaissant[1] ses sous, elle reprend la clope[2] qu'elle avait laissée sur sa caisse, et elle lâche[3] :

— Ça parle de quoi vos trucs ?

— De tout.

— Ah.

— ...

— Mais surtout d'amour.

— Ah ?

Elle achète une magnifique enveloppe en papier kraft[4]. La plus solide, la plus belle, la plus chère avec des coins rembourrés[5] et un rabat[6] inattaquable. La Rolls[7] des enveloppes.

Elle va à la poste, elle demande des timbres de collection, les plus beaux, ceux qui représentent des tableaux d'art moderne. Elle les lèche avec amour, elle les colle avec grâce[8], elle jette un sort[9] à l'enveloppe, elle la bénit[10], elle fait le signe de la croix dessus et quelques autres incantations[11] qui doivent rester secrètes.

1 encaisser: prendre de l'argent
2 la clope: *fam.* la cigarette
3 lâcher qc: *ici* dire qc
4 en papier kraft: aus festem Packpapier
5 rembourrer: polstern
6 le rabat: Klappe, Lasche
7 la Rolls: la Rolls Royce
8 la grâce: Anmut, Grazie
9 jeter un sort à qn/qc: jdn./etw. verhexen
10 bénir qn/qc: jdn./etw. segnen
11 l'incantation *f.*: Zauberspruch

Elle s'approche de la fente[1] « Paris et sa banlieue uniquement », elle embrasse son trésor[2] une dernière fois, détourne[3] les yeux et l'abandonne.

En face de la poste, il y a un bar. Elle s'y accoude[4], commande un calva[5]. Elle n'aime pas tellement ça mais bon, elle a son statut d'artiste maudite[6] à travailler maintenant. Elle allume une cigarette et, à partir de cette minute, on peut le dire, elle attend.

* * *

Je n'ai rien dit à personne.

— Hé ? qu'est-ce que tu fais avec la clef de la boîte aux lettres en sautoir[7] ?

— Rien.

— Hé ? qu'est-ce que tu fais avec toutes ces pubs pour Castorama[8] à la main ?

Rien.

— Hé ? qu'est-ce que tu fais avec la sacoche[9] du facteur ?

— Rien je te dis !…

— Attends… mais t'es amoureuse de lui ou quoi ?!

Non. Je n'ai rien dit. Tu me vois répondre : « J'attends la réponse d'un éditeur. » La honte[10].

---

1 la fente: Schlitz
2 le trésor: Schatz
3 détourner: abwenden
4 s'accouder: mit den Ellenbogen aufstützen
5 le calva(dos): Apfelbranntwein
6 maudit/e: verflucht
7 en sautoir: *ici* autour du cou
8 Castorama: nom d'une grande chaîne commerciale de bricolage
9 la sacoche: → le sac (à main)
10 la honte: Schande, Scham

Enfin… c'est fou ce qu'on reçoit comme pub maintenant, c'est vraiment n'importe quoi.

➦ *voir Sujets d'étude B, p. 111*

* * *

Et puis le boulot, et puis Micheline et ses faux ongles[1] mal collés, et puis les géraniums à rentrer, et puis les cassettes de Walt Disney, le petit train électrique, et la première visite chez le pédiatre[2] de la saison, et puis le chien qui perd ses poils[3], et puis *Eureka Street*[4] pour mesurer l'incommensurable[5], et puis le cinéma, et les amis et la famille, et puis d'autres émotions encore (mais pas grand chose à côté d'*Eureka Street*, c'est vrai).

Notre Marguerite s'est résignée[6] à hiberner[7].

Trois mois plus tard. ALLÉLUIA !
ALLÉLUIA ! ALLÉLU-U-U-U-IA !

Elle est arrivée.
La lettre.
Elle est bien légère.
Je la glisse sous mon pull et j'appelle ma Kiki[8] :
« Kiiiiiiikiiiiii !!! »
Je vais la lire toute seule, dans le silence et le recueillement[9] du petit bois d'à côté qui sert de canisette[10] à tous les

---

1 l'ongle *m.*: (Finger)Nagel
2 le pédiatre: le médecin qui s'occupe des enfants
3 le poil: Körperbehaarung, Fell
4 Eureka Street: roman de Robert McLiam Wilson
5 l'incommensurable *m.*: das Unermessliche
6 se résigner à faire qc: sich damit abfinden etw. zu tun
7 hiberner: dormir pendant tout l'hiver *m.*
8 Kiki: le nom du chien
9 le recueillement: Andacht
10 la canisette: *fam.* toilettes pour chien

chiens du quartier. (Notez que même dans de tels moments, je reste lucide[1].)

« *Madame* blablabla, *c'est avec un grand intérêt que* blablabla *et c'est pourquoi* blablabla *j'aimerais vous rencontrer* blablabla, *veuillez prendre contact avec mon secrétariat* blablabla *dans l'espoir de vous* blablabla *chère madame* blablabla… »

Je savoure[2].
Je savoure.
Je savoure.
La vengeance de Marguerite a sonné.
— Chéri ? Quand est-ce qu'on mange ?
— ???… Pourquoi tu me dis ça à moi ? Qu'est-ce qui se passe ?
— Non rien, c'est juste que j'aurais plus trop le temps pour la popote[3] avec toutes ces lettres d'admirateurs auxquelles il faudra répondre sans parler des festivals, des salons, des foires[4] aux livres… de tous ces déplacements[5] en France et dans les DOM-TOM[6] ahlala… Mon Dieu. Au fait, bientôt visite régulière chez la manucure parce que tu sais… pendant les séances de signatures[7] c'est important

---

1 lucide: scharfsinnig
2 savourer: genießen, auskosten
3 faire la popote: *fam.* préparer le repas
4 la foire: une grande exposition
5 le déplacement: le voyage
6 les DOM-TOM: aujourd'hui DOM-COM (départements *m. pl.* d'outre-mer / collectivités *f. pl.* d'outre mer)
7 la séance de signatures *f. pl.*: un événement pendant lequel un écrivain connu/e signe ses livres

d'avoir les mains impeccables[1]... c'est fou comme les gens fantasment[2] avec ça...

— C'est quoi ce délire ?

Marguerite laisse « s'échapper » la lettre de l'éditeur élégant
5 de la rive gauche sur le ventre rebondi[3] de son mari qui lit les petites annonces d'*Auto Plus*.

— Attends mais hé ! Où tu vas là ?!

— Rien, j'en ai pas pour longtemps. C'est juste un truc que j'ai à dire à Micheline. Fais-toi beau je t'emmène à
10 l'Aigle Noir[4] ce soir...

— À l'Aigle Noir !???

— Oui. C'est là que Marguerite aurait emmené son Yann[5] je suppose...

— C'est qui Yann ?

15 — Pffffff laisse tomber va... Tu ignores *tout* du monde littéraire.

➼ *voir Sujets d'étude C, p. 111*

* * *

J'ai donc pris contact avec le secrétariat. Un très bon contact je crois car la jeune femme a été plus que charmante.

Peut-être qu'elle avait un post-it rose fluo[6] collé de-
20 vant les yeux : « Si A. G. appelle, être TRÈS charmante ! » souligné deux fois.

Peut-être...

---

1 impeccable: sans faute f., super
2 fantasmer: développer des fantaisies f. pl.
3 rebondi/e: prall, rund
4 L'Aigle Noir: un restaurant très cher
5 Yann: Anspielung auf Marguerite Duras (cf. p. 86, note 2) und ihren vierzig Jahre jüngeren Lebensgefährten Yann Andrea Steiner
6 le post-it rose fluo: rosafarbener Klebestreifen der Marke Post-it

Les chéris, ils doivent croire que j'ai envoyé mes nouvelles à d'autres… Ils redoutent[1] d'être pris de vitesse[2]. Un autre éditeur encore plus élégant situé dans une rue encore plus chic de la rive gauche avec une secrétaire encore plus charmante au téléphone avec un cul[3] encore plus mignon.

Ah non, ce serait trop injuste pour eux.

Tu vois le désastre[4] si je cartonne[5] sous une autre jaquette[6] tout ça parce que Machinette[7] n'avait pas de post-it rose fluo devant les yeux ?

Je n'ose pas y penser.

Le rendez-vous est fixé dans une semaine. (On a tous assez traîné[8] comme ça.)

Passé les premiers tracas[9] matériels : prendre un après-midi de congé[10] (Micheline, je ne serai pas là demain !) ; confier[11] les petits mais pas n'importe où, dans un endroit où ils seront heureux ; prévenir[12] mon amour :

— Je vais à Paris demain.

— Pourquoi ?

— Pour affaire.

— C'est un rendez-vous galant[13] ?

— Tout comme.

— C'est qui ?

---

1   redouter qc: avoir peur de qc
2   prendre qn de vitesse *f.*: dépasser/doubler qn
3   le cul: *fam.* les fesses *f. pl.*, le derrière
4   le désastre: la catastrophe
5   cartonner: *ici* réussir
6   la jaquette: Schutzumschlag
7   Machinette: *fam.* Mademoiselle
8   traîner: herumlungern, trödeln
9   le tracas: la peine, le souci
10   le congé: les vacances *f. pl.*
11   confier qc à qn: → la confiance, faire confiance
12   prévenir qn: *ici* informer qn
13   galant/e: amoureux/-euse

— Le facteur.

— Ah ! j'aurais dû m'en douter[1]...

... Survient[2] le seul vrai problème important : comment vais-je m'habiller ?

Genre vraie future écrivain et sans aucune élégance parce que la vraie vie est ailleurs. Ne m'aimez pas pour mes gros seins[3] ; aimez-moi pour ma substantifique moelle[4].

Genre vraie future pondeuse[5] de best-sellers et avec une permanente[6] parce que la vraie vie est ici. Ne m'aimez pas pour mon talent ; aimez-moi pour mes pages people[7].

Genre croqueuse[8] d'hommes élégants de la rive gauche et pour consommer tout de suite parce que la vraie vie est sur votre bureau. Ne m'aimez pas pour mon manuscrit ; aimez-moi pour ma magnifique moelle. Hé Atala[9], on se calme.

Finalement je suis trop stressée, tu penses bien que ce n'est pas un jour comme ça qu'il faut penser à son jeu de jambes[10] et perdre un bas[11] sur le tapis. C'est sûrement le jour le plus grave de ma petite existence, je ne vais pas tout compromettre[12] avec une tenue[13] certes[14] irrésistible mais tout à fait encombrante[15].

(Eh oui ! la mini mini jupe est une tenue encombrante.)

---

1 se douter de qc: *ici* savoir qc
2 survenir: se passer de façon inattendue
3 les seins *m. pl.*: Brüste
4 la substantifique moelle: geistiger Gehalt
5 la pondeuse: Legehenne
6 la permanente: Dauerwelle
7 les pages *f. pl.* people: *angl.* Zeitschriften für die breite Masse
8 la croqueuse: *fam.* Aufreißerin
9 Atala: héros du roman «Atala» de Chateaubriand (cf. p. 88, note 2)
10 le jeu de jambes *f. pl.*: Beinarbeit (beim Sport)
11 le bas: Strumpf
12 compromettre qc: mettre qc en danger, gâter qc
13 la tenue: la façon de s'habiller ou tenir son corps
14 certes: sûrement
15 encombrant/e: incommode, inconfortable

98 Anna Gavalda

Je vais y aller en jean. Ni plus ni moins. Mon vieux 501, dix ans d'âge, vieilli en fût[1], *stone washed* avec ses rivets en cuivre[2] et son étiquette rouge sur la fesse droite, celui qui a pris ma forme et mon odeur. Mon ami.

J'ai quand même une pensée émue[3] pour cet homme élégant et brillant qui est en train de tripoter[4] mon avenir entre ses mains fines (l'édite ? l'édite pas ?), le jean, c'est un peu raide[5] il faut l'avouer.

Ah… que de soucis, que de soucis.

Bon, j'ai tranché[6]. En jean mais avec de la lingerie[7] à tomber par terre.

Mais ça, il ne la verra pas me direz-vous… Tatatata pas à moi, on n'arrive à la Très Haute Fonction d'Editeur sans avoir un don[8] spécial pour détecter[9] la lingerie fine la plus improbable[10].

Non, ces hommes-là savent.

Ils savent si la femme qui est assise en face d'eux porte un truc en coton au ras du nombril[11] ou un slip Monoprix[12] rose tout déformé[13] ou une de ces petites folies[14] qui font rougir les

---

1   vieilli/e en fût: im Fass gereift (Wein)
2   le rivet en cuivre *m.*: Kupferniete
3   ému/e: touché/e
4   tripoter qc: *ici* influencer qc
5   raide: steif
6   trancher: prendre une décision
7   la lingerie: les dessous *m. pl.*, les sous-vêtements *m. pl.*
8   le don: le talent
9   détecter qc: découvrir qc
10   improbable: *ici* inattendu/e, surprenant/e
11   au ras du nombril: jusqu'au ventre
12   Monoprix: une chaîne de supermarché française
13   déformé/e: ce qui a perdu sa forme
14   la folie: → fou / folle

femmes (le prix qu'elles les payent) et rosir[1] les hommes (le prix qu'ils devront payer).

Évidemment qu'ils savent.

Et là, je peux vous dire que j'ai mis le paquet[2] (payable en deux chèques), j'ai pris un ensemble coordonné slip et soutien-gorge[3], quelque chose d'hallucinant[4].

Mon Dieu…

Super camelote[5], super matière, super façon, tout en soie[6] ivoire[7] avec de la dentelle[8] de Calais tricotée main par des petites ouvrières *françaises* s'il vous plaît, doux, joli, précieux, tendre, inoubliable le genre de chose qui fond dans la bouche et pas dans la main[9].

Destin, me voilà.

En me regardant dans le miroir de la boutique (les malins[10], ils ont des éclairages[11] spéciaux qui vous rendent mince et bronzé, les mêmes halogènes qu'il y a au-dessus des poissons morts dans les supermarchés de riches), je me suis dit pour la première fois depuis que Marguerite existe :

« Eh bien, je ne regrette pas tout ce temps passé à me ronger les ongles[12], et à faire de l'eczéma[13] devant l'écran[14]

---

1 rosir: rougir un peu
2 mettre le paquet: *fam.* donner tout
3 le soutien-gorge: BH
4 hallucinant/e: verblüffend
5 la camelote: *fam.* Ware
6 la soie: Seide
7 ivoire: *hier* elfenbeinfarben
8 la dentelle: Spitze
9 qui fond dans la bouche et pas dans la main: *ici* d'une très bonne qualité (slogan de publicité pour du chocolat)
10 le malin: Schlaukopf
11 l'éclairage *m.*: Beleuchtung
12 se ronger les ongles *m. pl.*: Nägel kauen
13 l'eczéma *m.*: Ekzem
14 l'écran *m.*: Bildschirm

minuscule de mon ordinateur. Ah non ! Tout ça, tous ces bras de fer usant[1] contre la trouille[2] et le manque de confiance en soi, toutes ces croûtes[3] dans ma tête et toutes ces choses que j'ai perdues ou oubliées parce que je pensais à *Clic-clac* par exemple eh bien je ne les regrette pas… »

Je ne peux pas dire le prix exact parce qu'avec le *politically correct*, le bridge[4] de mon mari, l'assurance de la voiture, le montant[5] du RMI[6] et tout ça, je risquerais de choquer mais sachez que c'est quelque chose d'ahurissant[7] ; et, vu ce que ça pèse, ne parlons pas du prix au kilo.

Enfin, on n'a rien sans rien, on n'attrape pas des mouches avec du vinaigre[8] et on ne se fait pas éditer sans payer un peu de sa personne, non ?

➝ *voir Sujets d'étude D, p. 112*

* * *

Nous y voilà. Le sixième arrondissement de Paris. Le quartier où on rencontre autant d'écrivains que de contractuelles[9]. Au cœur de la vie.

Je flanche[10].

---

1 le bras de fer usant: *lit. etwa* harte Anstrengungen
2 la trouille: *fam.* la peur
3 ces croûtes *f. pl.* dans ma tête: *fam. hier* dieser Mist in meinem Kopf
4 le bridge: *angl.* Zahnbrücke
5 le montant: la somme
6 le RMI: le Revenu Minimum Insertion (staatliche Beihilfe)
7 ahurissant/e: incroyable
8 on n'attrape pas des mouches avec du vinaigre: *prov.* il faut investir les moyens nécessaires pour obtenir quelque chose (Mit Essig fängt man keine Fliegen.)
9 la contractuelle: une femme qui travaille chez la police
10 flancher: *fam.* devenir faible

J'ai mal au ventre, j'ai mal au foie[1], j'ai mal dans les jambes, je transpire à grosses gouttes[2] et ma culotte à ***balles me rentre dans la raie[3] des fesses.

Joli tableau.

5 Je me perds, le nom de la rue n'est indiqué nulle part, il y a des galeries d'art africain dans tous les sens et rien ne ressemble plus à un masque africain qu'un autre masque africain. Je commence à détester l'art africain.

Finalement je trouve.

10 On me fait patienter[4].

Je crois que je vais m'évanouir[5], je respire[6] comme on nous a appris pour les accouchements[7]. Va... on... se... calme...

Tiens-toi droite. Observe. Ça peut toujours servir. Inspire.
15 Expire[8].

— Vous vous sentez bien ?

— Euh... oui, oui... ça va.

— *Il* est en rendez-vous mais Il n'en a plus pour longtemps, *Il* ne devrait pas tarder...

20 — Vous voulez un café ?

— Non. Merci. (Hé Machinette, tu vois pas que j'ai envie de vomir[9] ? Aide-moi Machinette, une claque[10], un seau[11], une

---

1 le foie: Leber
2 la goutte: Tropfen
3 la raie: Scheitel, *hier* Ritze
4 faire patienter qn: faire attendre qn
5 s'évanouir: perdre connaissance
6 respirer: atmen
7 l'accouchement *m.*: acte *m.* de donner naissance *f.* à un bébé
8 inspirer/expirer: ein-/ausatmen
9 vomir: sich übergeben
10 la claque: Ohrfeige
11 le seau: Eimer

bassine[1], un Spasfon[2], un verre de coca bien froid… quelque chose. Je t'en supplie[3].)

Un sourire. Elle me fait un sourire.

➨ *voir Sujets d'étude E, p. 112*

* * *

En réalité, c'était de la curiosité. Ni plus ni moins.

Il voulait me voir. Il voulait voir la tête que j'avais. Il 5
voulait voir à quoi ça ressemblait.

C'est tout.

Je ne vais pas raconter l'entretien[4]. En ce moment, je soigne[5] mon eczéma avec du goudron[6] presque pur et ce n'est vraiment pas la peine d'en rajouter vu la couleur de ma 10
baignoire. Donc, je ne raconte pas.

Allez, un petit peu quand même : à un moment, le chat (pour plus de détails voir Lucifer dans *Cendrillon*[7]) qui regardait la souris gesticuler dans tous les sens entre ses pattes griffues[8], le chat qui s'amusait « … ce qu'elle est provinciale tout de 15
même… », le chat qui prenait son temps a fini par lâcher :

— Écoutez, je ne vous cache pas qu'il y a dans votre manuscrit des choses intéressantes et que vous avez un *certain* style mais (viennent ensuite pas mal de considérations sur les gens qui écrivent en général et le dur métier d'éditeur 20
en particulier)… Nous ne pouvons pas dans l'état actuel des

---

1 la bassine: große Schüssel
2 le Spasfon: un médicament comme de l'aspirine
3 supplier qn de faire qc: prier/solliciter/demander qn de faire qc
4 l'entretien *m*.: la conversation
5 soigner qn/qc: jdn./etw. pflegen
6 le goudron: Teer
7 Lucifer dans *Cendrillon*: Lucifer est le chat cruel et méchant
   de la belle-mère de Cendrillon (Aschenputtel)
8 griffu/e: mit Krallen

choses et pour des raisons que vous comprendrez aisément[1] publier votre manuscrit. Par contre, je tiens à suivre de très près votre travail et sachez que j'y accorderai toujours la plus grande attention. Voilà.

Voilà.

Ducon[2].

J'en reste assise. Là encore, il n'y a pas d'autre mot. Lui se lève (gestes amples[3] et superbes), se dirige vers moi, fait mine de me serrer la main[4]... Ne voyant aucune réaction de ma part, fait mine de[5] me tendre la main[6]... Ne voyant aucune réaction de ma part, fait mine de me prendre la main... Ne voyant aucune...

— Que se passe-t-il ? Allons... ne soyez pas si abattue[7], vous savez c'est rarissime[8] d'être publié dès son premier manuscrit. Vous savez j'ai confiance en vous. Je sens que nous ferons de grandes choses ensemble. Et même, je ne vous cache pas que je *compte* sur vous.

Arrête ton char Ben-Hur[9]. Tu vois pas que je suis coincée[10].

— Écoutez, je suis désolée. Je ne sais pas ce qui m'arrive mais je ne peux pas me lever. C'est comme si je n'avais plus de forces. C'est idiot.

— Ça vous arrive souvent ?

---

1 aisément: facilement
2 ducon: *vulg.* idiot/e
3 ample: large
4 serrer la main à qn: jdm. die Hand schütteln
5 faire mine *f.* de faire qc: exprimer l'intention *f.* de faire qc
6 tendre la main à qn: donner la main à qn
7 abattu/e: très triste
8 rarissime: *lit.* très rare
9 arrête ton char Ben-Hur: Anspielung auf amerik. Historienfilm, in dem der Titelheld Ben Hur ein Wagenrennen gewinnt (le char: der Wagen)
10 coincé/e: bloqué/e

— Non. C'est la première fois.

— Vous souffrez ?

— Non. Enfin un peu mais c'est autre chose.

— Bougez[1] les doigts pour voir.

— Je n'y arrive pas.

— Vous êtes sûre ???

— Ben… oui.

Long échange de regards, façon tu me tiens, je te tiens par la barbichette[2].

— (énervé) Vous le faites exprès[3] ou quoi ?

— (très énervée) Mais bien sûr que non voyons !!!

— Vous voulez que j'appelle un médecin ?

— Non, non, ça va passer.

— Oui mais enfin bon, le problème c'est que j'ai d'autres rendez-vous moi… Vous ne pouvez pas rester là.

— …

— Essayez encore…

— Rien.

— Qu'est-ce que c'est que cette histoire !

— Je sais pas… qu'est-ce que vous voulez que je vous dise ?… C'est peut-être une crise d'arthrose, ou un truc dû à[4] une émotion trop forte.

— Si je vous dis : « Bon d'accord, je vous édite… vous vous relevez ? »

— Mais bien sûr que non. Pour qui me prenez-vous ? Est-ce que j'ai l'air aussi abrutie[5] que ça ?

— Non mais je veux dire si je vous édite vraiment ?…

---

1 bouger qc: agiter qc, mouvoir qc, faire tourner qc

2 tu me tiens, je te tiens par la barbichette: Kinderreimspiel, in dem sich die Spieler genau fixieren und nicht lachen dürfen

3 faire exprès: faire qc avec intention f.

4 dû à: à cause de

5 abruti/e: bête

Épilogue **105**

— D'abord je ne vous croirais pas… hé mais attendez, je ne suis pas là à vous demander la charité, je suis paralysée[1] vous pouvez comprendre la différence ?

— (se frottant[2] la figure contre ses mains fines) Et c'est à moi que ça devait arriver… Bon dieu…

— (regardant sa montre) Écoutez pour le moment, je vais vous déménager[3] parce que là, j'ai vraiment besoin de mon bureau…

Et le voilà qui me pousse dans le couloir comme si j'étais dans un fauteuil roulant[4] sauf que je ne suis pas dans un fauteuil roulant et que pour lui, ça doit faire une sacrée[5] différence… Je me tasse[6] bien.

Morfle[7] mon ami. Morfle.

* * *

— Vous voulez un café maintenant ?

— Oui. Avec plaisir. C'est gentil.

— Vous êtes sûre que vous ne voulez pas que j'appelle un médecin ?

— Non, non. Merci. Ça va partir comme c'est venu.

— Vous êtes trop contractée[8].

— Je sais.

---

1 paralysé/e: gelähmt
2 (se) frotter qc: (sich) etw. reiben
3 déménager qn: déplacer qn
4 le fauteuil roulant: Rollstuhl
5 sacré/e: *fam. hier* verdammt
6 se tasser: sich schwer machen
7 morfler: *fam.* leiden, einstecken
8 contracté/e: verkrampft

Machinette n'a jamais eu de post-it rose collé sur son téléphone. Elle a été charmante avec moi l'autre fois parce que *c'est* une fille charmante.

— Je n'aurais pas tout perdu aujourd'hui.

C'est vrai. On n'a pas si souvent l'occasion de regarder pendant plusieurs heures une fille comme elle. J'aime sa voix.

De temps en temps, elle me faisait des petits signes pour que je me sente moins seule.

Et puis les ordinateurs se sont tus[1], les répondeurs se sont mis en route[2], les lampes se sont éteintes[3] et les lieux se sont vidés[4]. Je les voyais tous partir les uns après les autres et tous croyaient que j'étais là parce que j'avais rendez-vous. Tu parles.

Enfin Barbe-Bleue[5] est sorti de son antre[6] à faire pleurer les écrivaillons[7].

— Vous êtes encore là vous !!!

— ...

— Mais qu'est-ce que je vais faire de vous ?

— Je ne sais pas.

— Mais si je sais. Je vais appeler le SAMU[8] ou les pompiers et ils vont vous évacuer dans les cinq minutes qui suivent ! Vous n'avez pas l'intention de dormir là tout de même ?!

---

1 se taire: arrêter de parler (*ici* de travailler)
2 mettre en route: mettre en marche
3 s'éteindre: erlöschen
4 se vider: sich leeren
5 Barbe-Bleue: Blaubart (blutrünstige Märchengestalt)
6 l'antre *m.*: la grotte, la cave
7 l'écrivaillon *m.*: *fam. péj.* un écrivain médiocre
8 le SAMU: le Service d'Aide Médicale Urgente (Notarzt)

— Non, n'appelez personne, s'il vous plaît... Ça va se décoincer[1], je le sens...

— Certes mais je dois fermer, c'est quelque chose que vous pouvez comprendre non ?

— Descendez-moi sur le trottoir.

Tu penses bien que ce n'est pas lui qui m'a descendue. Il a hélé[2] deux coursiers[3] qui étaient dans les parages[4].

Deux grands et beaux gars[5], des laquais tatoués pour ma chaise à porteurs[6]. Ils ont pris chacun un accoudoir[7] et m'ont gentiment déposée en bas de l'immeuble.

Trop mignons.

Mon ex-futur éditeur, cet homme délicat qui *compte* sur moi dans l'avenir m'a saluée avec beaucoup de panache[8].

Il s'est éloigné[9] en se retournant plusieurs fois et en secouant la tête[10] comme pour se réveiller d'un mauvais rêve, non vraiment, il n'y croyait pas.

Au moins, il aura des trucs à raconter au dîner.

C'est sa femme qui va être contente. Il ne va pas lui casser les oreilles[11] avec la crise de l'édition ce soir.

Pour la première fois de la journée, j'étais bien.

---

1 se décoincer: *ici* pouvoir bouger finalement
2 héler qn: appeler qn
3 le coursier: Bote, Laufbursche
4 dans les parages *m. pl.*: in der Nähe
5 le gars: *fam.* le garçon, l'homme
6 la chaise à porteurs *m. pl.*: Sänfte
7 l'accoudoir *m.*: la partie d'une chaise où on met le bras
8 le panache: attitude *f.* qui allie la noblesse, l'élégance *f.* et la grandeur
9 s'éloigner: s'en aller
10 secouer la tête: dire « non » avec la tête
11 casser les oreilles à qn: *fam.* énerver qn

Je regardais les serveurs du restaurant d'en face qui s'affairaient[1] autour de leurs nappes damassées[2], ils étaient très stylés (comme mes nouvelles, pensais-je en ricanant[3]), surtout un, que je matais[4] avec soin.

Exactement le genre de french *garçon de café* qui détraque[5] le système hormonal des grosses Américaines en Reebok.

J'ai fumé une cigarette merveilleusement bonne en recrachant[6] la fumée lentement et en observant les passants.

Presque le bonheur (à quelques détails près[7] dont la présence d'un horodateur[8] sur ma droite qui puait[9] la pisse de chien).

Combien de temps suis-je restée là, à contempler[10] mon désastre ?

Je ne sais pas.

Le restaurant battait son plein[11] et on voyait des couples attablés[12] en terrasse qui riaient en buvant des ballons[13] de rosé. Je ne pouvais pas m'empêcher de penser :... dans une autre vie peut-être, mon éditeur m'aurait emmenée déjeuner là « parce que c'est plus pratique », m'aurait fait rire aussi et

---

1 s'affairer autour de qc: s'occuper de qc très intensément
2 la nappe damassée: Damasttischtuch
3 ricaner: kichern
4 mater qn: observer qn
5 détraquer qc: mettre qc en désordre
6 recracher qc: etw. ausstoßen
7 à quelques détails *m. pl.* près: sauf/en dehors de quelques détails (qui gênent)
8 l'horodateur *m.*: Parkscheinautomat
9 puer: sentir de façon désagréable
10 contempler qn/qc: regarder qn/qc, observer qn/qc
11 battre son plein: *loc.* Hochbetrieb haben
12 attablé/e: être assis/e à table
13 le ballon de rosé: un verre à vin (rosé)

proposé un vin bien meilleur que ce Coteaux de Provence…
m'aurait pressée de terminer ce roman « étonnamment mûr[1]
pour une jeune femme de votre âge… » puis pris le bras en
me raccompagnant[2] vers une borne de taxis[3]. Il m'aurait fait
5   un peu de charme… dans une autre vie sûrement.

➳ *voir Sujets d'étude F, p. 112*

* * *

Bon ben… c'est pas le tout Marguerite, mais j'ai du repassage[4]
qui m'attend moi…
     Je me suis levée d'un bond[5] en tirant sur mon jean et je
me suis dirigée vers[6] une jeune femme splendide[7] assise sur
10   le socle d'une statue d'Auguste Comte[8].
     Regardez-la.
     Belle, sensuelle[9], racée[10], avec des jambes irréprochables[11]
et des chevilles[12] très fines, le nez retroussé[13], le front bombé[14],
l'allure[15] belliqueuse et fière.
15   Habillée avec de la ficelle[16] et des tatouages. Les lèvres et
les ongles peints en noir.
     Une fille incroyable.

---

1   mûr/e: reif
2   raccompagner qn: accompagner qn jusqu'à la maison
3   la borne de taxis: Taxirufsäule
4   le repassage: Bügelwäsche
5   se lever d'un bond: quitter (le lit) d'un saut
6   se diriger vers qn/qc: aller en direction f. de qn/qc
7   splendide: magnifique, superbe, très beau/belle
8   Auguste Comte: mathématicien et philosophe français
     (1798–1857), fondateur de la sociologie
9   sensuel/le: sinnlich
10   racé/e: *ici* elegant/e, chic
11   irreprochable: splendide, sans faute f. (cf. note 7)
12   la cheville: Knöchel, Fessel
13   le nez retroussé: Stupsnase
14   bombé/e: gewölbt
15   l'allure belliqueuse: *etwa* kriegerische Erscheinung
16   la ficelle: Fädchen

Elle jetait régulièrement des regards agacés[1] vers la rue adjacente[2]. Je crois que son amoureux était en retard.

Je lui ai tendu[3] mon manuscrit :

— Tenez, j'ai dit, cadeau. Pour que le temps vous paraisse moins long.   5

Je crois qu'elle m'a remerciée mais je n'en suis pas certaine parce qu'elle n'était pas française !… Navrée[4] par ce petit détail, j'ai bien failli[5] reprendre mon magnifique don et puis… à quoi bon me suis-je dit, et en m'éloignant, j'étais même plutôt contente.   10

Mon manuscrit se trouvait désormais[6] entre les mains de la plus belle fille du monde.

Ça me consolait[7].

Un peu.

➺ *voir Sujets d'étude G, p. 113*

---

1 agacé/e: gereizt
2 adjacent/e: être situé/e auprés/près de qc
3 tendre qc à qn: donner qc à qn
4 être navré/e: être triste
5 faillir faire qc: fast etw. tun
6 désormais: à partir de ce moment-là
7 consoler qn: jdn. trösten

Sujets d'étude

A. Page 86, l. 1 – page 88, l. 14

1. Faites le portrait de Marguerite (biographie, famille, profession, vie quotidienne…).
2. Commencez une liste de citations qui montrent les sentiments de Marguerite par rapport à sa tentative de devenir écrivain.
3. Analysez l'attitude du mari envers ses tentatives de devenir écrivain.

B. Page 88, l. 15 – page 93, l. 2

1. Complétez le portrait de Marguerite (cf. A, ex. 1).
2. Continuez la liste de citations par rapport aux sentiments de Marguerite (cf. A, ex. 2).
3. Dégagez les étapes de l'envoi du manuscrit à la maison d'édition.
4. Imaginez une lettre de candidature et un CV de Marguerite qu'elle enverrait à la maison d'édition avec ses manuscrits.

C. Page 93, l. 3 – page 95, l. 16

1. Décrivez la réaction de Marguerite à la réponse de la maison d'édition en formant un arrêt sur image.
2. « La vengeance de Marguerite a sonné. » (p. 94, l. 11). Analysez le changement dans la relation entre Marguerite et son mari.

D. Page 95, l. 17 – page 100, l. 13

1. Exposez brièvement le problème dont il est question dans cette partie du texte.
2. Réalisez un collage de ces femmes au look différent mentionnées ici et étiquetez les vêtements.
3. Précisez le rôle que jouent les vêtements pour Marguerite dans le contexte de son voyage à Paris.
4. Qu'est-ce qui a plus d'importance pour vous : la commodité ou le chic ? Justifiez votre opinion.

E. Page 100, l. 14 – page 102, l. 3

1. Comment Marguerite se sent-elle avant l'entretien ?
2. Imaginez l'entretien avec l'éditeur. Considérez l'état d'âme de Marguerite. Écrivez le dialogue et jouez la scène.

F. Page 102, l. 4 – page 109, l. 5

1. L'éditeur raconte à sa femme ce qui s'est passé aujourd'hui. Écrivez le dialogue.
2. Dégagez le moment dans le texte où le lecteur remarque pour la première fois que Marguerite recevra une réponse négative.
3. Étudiez les sentiments de Marguerite.
4. Faites le portrait de l'éditeur.

G. Page 109, l. 6 – page 110, l. 14

1. Expliquez pourquoi elle donne le manuscrit à la jeune femme.
2. « Bon ben… c'est pas le tout Marguerite, mais j'ai du repassage qui m'attend moi… » (p. 109, ll. 6 – 7). Écrivez la suite de l'histoire. Selon vous, Marguerite abandonnera-t-elle son projet de devenir écrivain ?
3. Pesez le pour et le contre des professions créatives et artistiques.

Éric-Emmanuel Schmitt
Odette Toulemonde

Calme-toi, Odette, calme-toi.

Elle était si vive, si impatiente, si enthousiaste qu'elle avait l'impression de s'envoler, quitter les rues de Bruxelles, échapper[1] au couloir de façades, passer les toits pour rejoindre les pigeons[2] dans le ciel. Quiconque[3] voyait sa silhouette légère dévaler[4] le mont des Arts sentait que cette femme, dont une plume[5] ornait les boucles de cheveux, avait quelque chose d'un oiseau…

Elle allait le voir ! Pour de vrai… S'approcher de lui… Le toucher peut-être, s'il lui tendait la main…

Calme-toi, Odette, calme-toi.

Alors qu'elle avait plus de quarante ans, son cœur s'emballait[6] aussi vite que celui d'une adolescente. A chaque passage clouté[7] qui la contraignait[8] d'attendre son tour sur le trottoir, des picotements[9] parcouraient ses cuisses[10], ses chevilles[11] menaçaient de s'élancer, elle aurait voulu sauter par-dessus les voitures.

---

1 échapper à qn/qc: jdm./etw. entkommen, entrinnen
2 le pigeon: Taube
3 quiconque: n'importe qui
4 dévaler qc: descendre rapidement
5 la plume: Feder
6 s'emballer: *fam.* se laisser emporter, s'enthousiasmer
7 le passage clouté: passage réservé aux piétons
8 contraindre qn de faire qc: forcer qn
9 le picotement: Kribbeln
10 la cuisse: la partie supérieure de la jambe
11 la cheville: Knöchel

Lorsqu'elle arriva à la librairie, s'allongeait la file[1] des grands jours ; on lui annonça qu'il fallait patienter quarante-cinq minutes avant de se présenter devant lui.

Elle saisit le nouveau livre dont les libraires avaient élevé une pyramide d'exemplaires aussi belle qu'un arbre de Noël et commença à deviser[2] avec ses voisines. Si toutes étaient des lectrices de Balthazar Balsan, aucune ne se révélait aussi assidue[3], précise et passionnée qu'Odette.

— C'est que j'ai tout lu de lui, tout, et tout aimé, disait-elle pour s'excuser de sa science.

Elle ressentit une grande fierté à découvrir qu'elle connaissait le mieux l'auteur et ses œuvres. Parce qu'elle était d'origine modeste, parce qu'elle travaillait comme vendeuse le jour et plumassière[4] la nuit, parce qu'elle se savait médiocrement intelligente, parce qu'elle venait en bus de Charleroi, ville minière désaffectée,[5] il ne lui déplut pas de se découvrir, parmi ces bourgeoises bruxelloises, une supériorité, sa supériorité de fan.

➥ *voir Sujets d'étude A, p. 151*

Au centre du magasin, trônant sur une estrade, auréolé[6] par des spots qui l'éclairaient autant que les plateaux télévisuels dont il était familier[7], Balthazar Balsan se livrait à la séance de dédicaces[8] avec une bonne humeur appliquée. Après douze romans – et autant de triomphes –, il ne savait plus s'il aimait ou non ces signatures : d'un côté, ça l'ennuyait, tant

---

1 la file (d'attente): la queue (que font des gens en attendent qc)
2 deviser: bavarder
3 assidu/e: eifrig
4 la plumassière: femme qui coud des plumes sur des costumes (la plume: die Feder)
5 la ville minière désaffectée: ville dont on a fermé la mine
6 auréolé/e: *ici* illuminé/e, mis/e en scène
7 familier/-ière de qc: habitué/e à qc
8 la séance de dédicaces: Signierstunde

l'exercice est répétitif et monotone, d'un autre il appréciait de rencontrer ses lecteurs. Cependant, ces temps-ci, la fatigue l'emportait[1] sur l'appétit de discussions ; il continuait plus par habitude que par désir, se trouvant à ce point difficile de sa carrière où il n'avait plus besoin d'aider à la vente de ses livres mais où il craignait[2] qu'elle ne baisse[3]. Leur qualité aussi. Peut-être au demeurant[4] venait-il, avec son ultime opus, d'écrire « le livre de trop », celui qui n'était pas singulier, celui qui n'était plus aussi nécessaire que les autres. Pour l'heure, il refusait de se laisser contaminer[5] par ce doute car il l'éprouvait[6] à chaque publication.

Par-dessus les visages anonymes, il avait remarqué une belle femme, une métisse[7] habillée de soie[8] fauve[9] et mordorée, qui, à l'écart, marchait seule de long en large. Quoique[10] absorbée par une conversation téléphonique, elle jetait de temps à autre des œillades pétillantes[11] à l'écrivain.

— Qui est-ce ? demanda-t-il au responsable commercial.

— Votre attachée de presse pour la Belgique. Voulez-vous que je vous la présente ?

— S'il vous plaît.

Ravi[12] d'interrompre la chaîne des signatures pendant quelques secondes, il retint la main que Florence lui tendait.

---

1 emporter sur qc: *ici* triompher sur qc
2 craigner qn/qc: avoir peur de qn/qc
3 baisser: diminuer, ≠ augmenter
4 au demeurant: à part ça, du reste, sinon
5 contaminer: anstecken
6 éprouver qc: sentir qc
7 le/la métis/se: Mestiz/in
8 la soie: Seide
9 fauve et mordoré/e: (différents types de) brun
10 quoique: bien que
11 l'œillade pétillante: le coup d'œil, le regard brillant/ardent
12 ravi/e: très content/e

— Je vais m'occuper de vous pendant quelques jours, murmura-t-elle, troublée.

— J'y compte bien, confirma-t-il avec une chaleur appuyée[1].

Les doigts de la jeune femme répondirent de manière favorable à la pression de sa paume[2], une lueur d'acquiescement[3] traversa ses prunelles[4], Balthazar sut qu'il avait gagné : il ne passerait pas la nuit seul à l'hôtel.

Ragaillardi,[5] déjà en appétit d'ébats sexuels[6], il se tourna vers la lectrice suivante avec un sourire d'ogre[7] en lui demandant d'une voix vibrante :

— Alors, madame, que puis-je pour vous ?

Odette fut si surprise par l'énergie virile avec laquelle il s'adressait à elle qu'elle en perdit instantanément ses moyens[8].

— Mm… Mm… Mm…

Incapable d'articuler un mot.

Balthazar Balsan la regarda sans la regarder, aimable de façon professionnelle.

— Avez-vous un livre sur vous ?

Odette ne bougea pas, quoiqu'elle détînt un exemplaire du *Silence de la plaine* contre sa poitrine.

— Voulez-vous que je vous signe le dernier ?

Au prix d'un effort colossal, elle parvint à esquisser un signe positif[9].

---

1   appuyé/e: forcé/e, peu naturel/le
2   la paume: la partie intérieure de la main
3   l'acquiescement *m.*: l'acceptation *f.*
4   la prunelle: Pupille
5   ragaillardi/e: *fam.* gai/e, joyeux/-euse
6   les ébats *m. pl.* sexuels: les jeux *m. pl.* sexuels
7   l'ogre/-esse: un être fabuleux qui mange des êtres humains
8   perdre ses moyens: *ici* être desarmé/e, être impuissant/e
9   parvenir à esquisser un signe positif: dire «oui» avec la tête

Il avança la main pour s'emparer[1] du livre ; se méprenant,[2] Odette recula, marcha sur la dame suivante, comprit sa méprise et brandit[3] soudain le volume d'un geste brusque qui manqua le blesser à la tête.

— A quel nom ?

— ...

— C'est pour vous ?

Odette approuva du front.

— Quel est votre nom ?

— ...

— Votre prénom ?

Odette, risquant le tout pour le tout, ouvrit la bouche et murmura en déglutissant[4] :

— ... dette !

— Pardon ?

— ... dette !

— Dette[5] ?

De plus en plus malheureuse, étranglée[6], au bord de la syncope[7], elle tenta[8] d'articuler une ultime fois :

— ... dette !

Quelques heures plus tard, assise sur un banc, tandis que la lumière se grisait pour laisser l'obscurité remonter du sol au ciel, Odette ne se résolvait pas à rentrer à Charleroi. Consternée, elle lisait et relisait la page de titre où son auteur préféré avait inscrit « Pour Dette ».

1   s'emparer de qc: prendre qc
2   se méprendre: se tromper
3   brandir qc: *ici* tendre qc, jeter qc
4   déglutir: avaler (schlucken)
5   la dette: Schulden
6   étranglé/e: *ici* sans air *m.*
7   la syncope: l'évanouissement *m.*, la perte de connaissance
8   tenter de faire qc: essayer de faire qc

Voilà, elle avait raté son unique rencontre avec l'écrivain de ses rêves et ses enfants allaient se moquer d'elle... Ils auraient raison. Existait-il une autre femme de son âge incapable de décliner son nom et son prénom ?

Sitôt[1] qu'elle fut montée dans le bus, elle oublia l'incident et commença à léviter[2] pendant le trajet de retour car dès la première phrase, le nouveau livre de Balthazar Balsan l'inonda[3] de lumière et l'emporta dans son monde en effaçant[4] ses peines, sa honte[5], les conversations de ses voisins, les bruits de machines, le paysage triste et industriel de Charleroi. Grâce à lui, elle planait[6].

Revenue chez elle, marchant sur la pointe des pieds afin de ne réveiller personne – afin surtout d'éviter qu'on la questionne sur sa déconfiture[7] –, elle se mit au lit, assise contre ses oreillers[8], face au panorama qui, collé au mur, représentait des amants en ombre chinoise[9] devant un coucher de soleil marin. Elle ne parvint pas à se détacher[10] des pages et n'éteignit sa lampe de chevet[11] qu'après avoir achevé le volume.

➻ *voir Sujets d'étude B, p. 151*

De son côté, Balthazar Balsan passait une nuit beaucoup plus charnelle[12]. La belle Florence s'était donnée à lui sans

1 sitôt que: dès que
2 léviter: s'élever vers le ciel
3 inonder: überfluten
4 effacer qc: faire disparaître qc
5 la honte: Scham
6 planer: voler, glisser
7 la déconfiture: *fam.* l'échec *m.*, la faillite
8 l'oreiller *m.*: le coussin du lit
9 l'ombre *f.* chinoise: Schattenspiel
10 se détacher de qn/qc: se libérer de qn/qc, abandonner qn/qc
11 la lampe de chevet: la lampe sur la table de nuit
12 charnel/le: corporel/le

embarras[1] et, devant cette Vénus noire au corps parfait, il s'était contraint[2] à se montrer bon amant ; tant d'ardeur avait exigé des efforts et lui avait fait sentir que, pour le sexe aussi, il accusait la fatigue ; les choses se mettaient à lui coûter et il se demandait s'il ne s'engageait pas, malgré lui, dans un tournant[3] de l'âge.

A minuit, Florence voulut brancher la télévision pour suivre la célèbre émission littéraire qui devait vanter[4] son livre. Balthazar n'aurait pas accepté si ce n'avait pas été l'occasion de jouir d'une trêve réparatrice[5].

Le visage du critique littéraire redouté[6], Olaf Pims, apparut sur l'écran, et, par je ne sais quel instinct, Balthazar sentit immédiatement qu'il allait être agressé.

Derrière ses lunettes rouges – des lunettes de matador qui s'apprête[7] à jouer du taureau avant de le tuer –, l'homme prit un air ennuyé, voire[8] écœuré[9].

— On me demande de chroniquer le dernier livre de Balthazar Balsan. D'accord. Si au moins cela pouvait être vrai, si l'on était sûr que c'est le dernier, alors ce serait une bonne nouvelle ! Car je suis atterré[10]. Du point de vue littéraire, c'est une catastrophe. Tout y est consternant, l'histoire, les personnages, le style… Se montrer aussi mauvais, mauvais avec constance, mauvais avec égalité, ça devient même une performance, c'est presque du génie. Si l'on pouvait mourir d'ennui, je serais mort hier soir.

---

1 sans embarras: sans plus, sans gêne
2 contraint/e: obligé/e
3 le tournant: Wende(punkt)
4 vanter qn/qc: jdn./etw. anpreisen / loben
5 la trêve réparatrice: *ici* la pause pour reprendre des forces f. pl.
6 redouté/e: qui fait peur f.
7 s'apprêter à faire qc: commencer à faire qc
8 voire: même
9 écœuré/e: dégoûté/e (angewidert)
10 atterré/e: *ici* choqué/e, consterné/e, stupéfait/e

Odette Toulemonde **121**

Dans sa chambre d'hôtel, nu, une serviette autour des reins[1], Balthazar Balsan assistait, bouche bée,[2] à sa démolition en direct. A ses côtés sur le lit, Florence, gênée,[3] gigotait[4] tel un asticot[5] cherchant à remonter à la surface.

Olaf Pims poursuivit paisiblement[6] son massacre.

— Je suis d'autant plus gêné de dire cela qu'il m'est arrivé en société de croiser[7] Balthazar Balsan, un homme aimable, gentil, propre sur lui,[8] au physique un peu ridicule de prof de gym mais un individu fréquentable, bref le genre d'homme dont une femme divorce agréablement.

Avec un petit sourire, Olaf Pims se tourna vers la caméra et parla comme s'il se trouvait soudain en face de Balthazar Balsan.

— Quand on a autant le sens des clichés, monsieur Balsan, il ne faut pas appeler ça roman, mais dictionnaire, oui, dictionnaire des expressions toutes faites, dictionnaire des pensées creuses[9]. En attendant, voilà ce que mérite votre livre… la poubelle, et vite.

Olaf Pims déchira l'exemplaire qu'il tenait à la main et le jeta avec mépris[10] derrière lui. Balthazar reçut ce geste comme un uppercut[11].

Sur le plateau, choqué par tant de violence, le présentateur demanda :

— Enfin, comment expliquez-vous son succès ?

---

1 les reins *m. pl.*: *hier* Hüfte
2 bouche bée: étonné/e, stupéfait/e, la bouche ouverte
3 gêné/e: embarrassé/e
4 gigoter: *fam.* s'agiter
5 l'asticot *m.*: Made
6 paisiblement: →la paix
7 croiser qn: rencontrer qn
8 propre sur lui: *ici* honnête
9 creux/-euse: vide, sans substance
10 le mépris: attitude ne pas estimer qn
11 l'uppercut *m.*: *angl.* un coup de boxe

— Les pauvres d'esprit ont bien le droit d'avoir, eux aussi, un héros. Les concierges, caissières et autres coiffeuses qui collectionnent les poupées de foire ou les photos de crépuscule ont sans doute trouvé l'écrivain idéal.

Florence coupa la télévision et se tourna vers Balthazar. Eût-elle été[1] une attachée de presse plus expérimentée, elle lui aurait servi ce qu'on doit objecter[2] en ces occasions : c'est un aigri[3] qui ne supporte pas la vogue de tes livres, il les lit en songeant[4] que tu racoles[5] les lecteurs ; par conséquent il repère le démagogique dans le naturel, soupçonne[6] l'intérêt commercial sous la virtuosité technique, prend ton désir d'intéresser les gens pour du marketing ; de plus, il se condamne en traitant le public de sous-humanité indigne, son mépris social se montrant même ahurissant[7]. Cependant, jeune, Florence restait influençable ; médiocrement intelligente, elle confondait méchanceté[8] et sens critique : pour elle, la messe donc était dite.

C'est sans doute parce qu'il sentit le regard méprisant et désolé de la jeune femme sur lui que Balthazar entama[9], ce soir-là, une phase dépressive. Des commentaires hargneux[10], il en avait toujours essuyé, des yeux de pitié, jamais. Il commença à se sentir vieux, fini, ridicule.

➻ *voir Sujets d'étude C, p. 151*

---

1 eût-elle été: si elle avait été *(imparfait du subj.)*
2 objecter qc: *ici* répondre/retorquer/répliquer qc
3 l'aigri/e: Verbitterte/r, Miesmacher/in
4 songer à qn/qc: rêver de qn/qc, penser à qn/qc
5 racoler qn: jdn. umwerben
6 soupçonner qc: se douter de qc
7 ahurissant/e: unverschämt
8 la méchanceté: la malice, ≠ la bonté
9 entamer: commencer
10 hargneux/-euse: gehässig, bissig, scharf

Depuis cette nuit, Odette avait relu trois fois *Le Silence de la plaine* et l'estimait un des meilleurs romans de Balthazar Balsan. A Rudy, son fils coiffeur, elle finit par avouer sa rencontre ratée avec l'écrivain. Sans rire d'elle, il comprit
5 que sa mère souffrait.

— Qu'attendais-tu ? Que voulais-tu lui dire ?

— Que ses livres ne sont pas seulement bons mais qu'ils me font du bien. Les meilleurs antidépresseurs de la Terre. Ils devraient être remboursés[1] par l'Assurance maladie.

10 — Eh bien, si tu n'as pas su lui dire, tu n'as qu'à lui écrire.

— Tu ne trouves pas ça bizarre, que j'écrive, moi, à un écrivain ?

— Pourquoi bizarre ?

15 — Une femme qui écrit mal écrivant à un homme qui écrit bien ?

— Il y a des coiffeurs chauves[2] !

Convaincue par le raisonnement[3] de Rudy, elle s'installa dans le salon-salle à manger, remisa un instant ses ouvrages
20 de plumes et rédigea sa lettre.

Cher monsieur Balsan,
Je n'écris jamais car, si j'ai de l'orthographe, je n'ai pas de poésie. Or il me faudrait beaucoup de poésie pour vous raconter l'importance que vous avez pour moi.
25 *En fait, je vous dois la vie. Sans vous, je me serais tuée vingt fois. Voyez comme je rédige mal : une fois aurait suffi !*
Je n'ai aimé qu'un homme, mon mari, Antoine. Il est toujours aussi beau, aussi mince, aussi jeune. C'est
30 *incroyable de ne pas changer comme ça. Faut dire qu'il*

---

1 rembourser qc: etw. erstatten
2 chauve: qui n'a pas de cheveux sur la tête
3 le raisonnement: l'argumentation f.

124 Éric-Emmanuel Schmitt

est mort depuis dix ans, ça aide. Je n'ai pas voulu le
remplacer. C'est ma façon de l'aimer toujours.
J'ai donc élevé seule mes deux enfants, Sue Helen et
Rudy.
Rudy, ça va, je crois ; il est coiffeur, il gagne sa vie, il est   5
joyeux, gentil, il a tendance à changer de copains trop
souvent mais bon, il a dix-neuf ans, il s'amuse.
Sue Helen, c'est autre chose. C'est une maussade[1].
Elle est née avec le poil hérissé[2]. Même la nuit dans ses
rêves, elle râle[3]. Elle sort avec un crétin[4], une sorte de   10
singe qui bricole des mobylettes toute la journée mais
qui ne ramène jamais un centime. Depuis deux ans, il
loge chez nous. Et en plus, il a un problème... il pue[5]
des pieds.
Franchement, ma vie, avant de vous connaître, je la   15
trouvais souvent moche, moche comme un dimanche
après-midi à Charleroi quand le ciel est bas, moche
comme une machine à laver qui vous lâche quand vous
en avez besoin ; moche comme un lit vide. Régulièrement
la nuit, j'avais envie d'avaler des somnifères[6] pour en   20
finir. Puis un jour, je vous ai lu. C'est comme si on avait
écarté les rideaux et laissé entrer la lumière. Par vos
livres, vous montrez que, dans toute vie, même la plus
misérable, il y a de quoi se réjouir[7], de quoi rire, de quoi
aimer. Vous montrez que les petites personnes comme   25
moi ont en réalité beaucoup de mérite[8] parce que la
moindre chose leur coûte plus qu'aux autres. Grâce à vos
livres, j'ai appris à me respecter. A m'aimer un peu. A
devenir l'Odette Toulemonde qu'on connaît aujourd'hui :

---

1 maussade: qui est toujours de mauvaise humeur
2 être né/e avec le poil hérissé: *hier* bösartig, kratzbürstig sein
3 râler: *fam.* motzen
4 le/la crétin/e: l'imbécile *m./f.*
5 puer: sentir mauvais
6 le somnifère: médicament qu'on prend pour dormir
7 se réjouir de qc: être heureux/-euse
8 le mérite: Verdienst

*une femme qui ouvre ses volets[1] avec plaisir chaque
matin, et qui les ferme chaque soir aussi avec plaisir.
Vos livres, on aurait dû me les injecter en intraveineuses
après la mort de mon Antoine, ça m'aurait fait gagner
du temps.
Quand, un jour, le plus tard possible, vous irez au
Paradis, Dieu s'approchera de vous et vous dira : « Il y a
plein de gens qui veulent vous remercier du bien que
vous avez fait sur terre, monsieur Balsan », et parmi
ces millions de personnes, il y aura Odette Toulemonde.
Odette Toulemonde qui, pardonnez-lui, était trop
impatiente pour attendre ce moment-là.*

Odette

➻ voir Sujets d'étude D, p. 152

A peine[2] avait-elle achevé que Rudy sortait en trombe[3] de
sa chambre où il flirtait avec son nouveau petit copain ; ils
avaient juste pris le temps de se couvrir d'un caleçon[4] et
d'une chemise tant ils avaient hâte d'annoncer à Odette
que, selon Internet, Balthazar Balsan donnerait bientôt une
autre séance de dédicaces à Namur, pas trop loin d'ici.

— Ainsi, tu pourras lui porter ta lettre !

Balthazar Balsan n'arriva pas seul à la librairie de Namur,
son éditeur[5] ayant quitté Paris pour lui soutenir le moral,
ce qui avait eu comme résultat principal de le déprimer
davantage[6].

---

1   le volet: Fensterladen
2   à peine: kaum
3   en trombe: rapidement
4   le caleçon: Unterhose
5   l'éditeur/-trice: qui publie des livres
6   davantage: encore plus

— Si mon éditeur passe plusieurs jours avec moi, c'est que ça va très mal, se disait-il.

Effectivement, les critiques, tels des loups, chassent[1] en bande ; l'attaque d'Olaf Pims avait déchaîné[2] la meute. Ceux qui avaient retenu leurs griefs[3] ou leur indifférence contre Balsan se lâchaient[4] désormais ; ceux qui ne l'avaient jamais lu avaient quand même des rancœurs[5] à exprimer contre le succès ; et ceux qui ne pensaient rien en parlaient aussi puisqu'il fallait participer à la polémique.

Balthazar Balsan se montrait incapable de répliquer[6] : il ne jouait pas sur ce terrain. Il détestait l'offensive et manquait d'agressivité, n'étant devenu romancier que pour chanter la vie, sa beauté, sa complexité. S'il pouvait s'indigner[7], c'était pour de grandes causes, pas la sienne. Son unique réaction était de souffrir en attendant que ça passe, au contraire de son éditeur qui aurait aimé exploiter[8] cette effervescence[9] médiatique.

A Namur, les lecteurs l'attendaient en moins grand nombre qu'à Bruxelles car, en quelques jours, il était devenu « ringard »[10] d'apprécier Balthazar Balsan. Celui-ci se montrait d'autant plus aimable avec ceux qui s'aventuraient vers lui.

Ignorant ces agitations puisqu'elle ne lisait pas les journaux ni ne regardait les émissions culturelles, Odette n'imaginait pas que son écrivain vivait des heures si

---

1   chasser qn/qc: jdn./etw. jagen
2   déchaîner qn/qc: libérer qn/qc (des chaînes f. pl.)
3   le grief: Grund zur Klage
4   se lâcher: se libérer
5   la rancœur: Groll
6   répliquer qc: répondre qc
7   s'indigner: sich entrüsten
8   exploiter qc: *ici* profiter de qc
9   l'effervescence f.: l'excitation f.
10   ringard/e: *fam.* démodé/e

sombres. Pimpante,[1] habillée moins chic que la première fois, encouragée par le verre de vin blanc que Rudy l'avait forcée à ingurgiter[2] au café d'en face, elle se présenta en frémissant[3] devant Balthazar Balsan.

5 — Bonjour, vous me reconnaissez ?

 — Euh… oui… nous nous sommes vus… voyons… l'année dernière Aidez-moi donc…

Nullement vexée, Odette préférait qu'il ait négligé[4] sa prestation[5] ridicule du mardi précédent et le libéra de ses 10 recherches.

 — Non, je blaguais. Nous ne nous sommes jamais vus.

 — Ah, il me semblait bien, sinon je m'en serais souvenu. A qui ai-je l'honneur ?

 — Toulemonde. Odette Toulemonde.

15 — Pardon ?

 — Toulemonde, c'est mon nom.

A l'énoncé[6] de ce patronyme[7] comique, Balthazar pensa qu'elle se moquait[8].

 — Vous plaisantez ?

20 — Pardon ?

Réalisant sa gaffe[9], Balthazar se reprit.

 — Eh bien, dites-moi, c'est original comme nom…

 — Pas dans ma famille !

Odette présenta un nouvel exemplaire à dédicacer.

25 — Pouvez-vous simplement marquer « Pour Odette » ?

Balthazar, distrait, voulut être sûr d'avoir bien entendu.

---

1 pimpant/e: élégant/e
2 ingurgiter qc: boire vite, avaler qc
3 frémir: trembler
4 négliger qc: ne pas faire attention à qc
5 la prestation: *ici* le spectacle
6 l'énoncé *m.*: → énoncer qc (etw. verkünden)
7 le patronyme: le nom de famille
8 se moquer de qn/qc: sich lustig machen über jdn./etw.
9 la gaffe: l'erreur *m.*, l'inadvertance *f.*

— Odette ?

— Oui, ça, mes parents ne m'ont pas ratée !

— Allons, c'est ravissant Odette…

— C'est épouvantable !

— Non.

— Si !

— C'est proustien[1].

— Prou… ?

— Proustien… *A la recherche du temps perdu*… Odette de Crécy, la femme dont Swann[2] est amoureux…

— Je ne connais que des caniches[3] qui s'appellent Odette. Des caniches. Et moi. D'ailleurs, sur moi, tout le monde l'oublie ce prénom. Pour qu'on s'en souvienne, faudrait peut-être que je mette un collier et que je me fasse friser[4] ?

Il l'examina, pas certain d'avoir bien entendu, puis éclata de rire.

Se penchant, Odette lui glissa une enveloppe.

— Tenez, c'est pour vous. Lorsque je vous parle, je ne dis que des bêtises, alors je vous ai écrit.

Odette s'enfuit dans un bruissement[5] de plumes.

Lorsqu'il se cala[6] au fond de la voiture qui le ramenait en compagnie de son éditeur à Paris, Balthazar fut tenté un instant de lire le message, cependant, lorsqu'il vit le papier kitsch où s'entrelaçaient[7] guirlandes de roses et

---

1 proustien/ne: de Marcel Proust (1871–1922), écrivain français très connu, surtout pour son chef-d'œuvre « A la recherche du temps perdu » („ Auf der Suche nach der verlorenen Zeit")

2 Swann: personnage principal du chef-d'œuvre de Proust

3 le caniche: Pudel

4 friser qc: etw. kräuseln, Locken legen

5 le bruissement: un bruit léger

6 se caler: *ici* s'asseoir

7 s'entrelacer: sich ranken

branches de lilas retenues par des anges fessus[1], il ne l'ouvrit pas. Décidément, Olaf Pims avait raison : écrivain pour les caissières et les coiffeuses, il n'avait que les fans qu'il méritait ! En soupirant, il glissa néanmoins[2] la lettre à
5 l'intérieur de son manteau en chamois[3].

A Paris l'attendait une descente en enfer. Non seulement son épouse, fuyante, absorbée par son travail d'avocate, ne marqua aucune compassion pour ce qui lui arrivait mais il constata que son fils de dix ans était obligé de se battre au
10 lycée contre les petits péteux[4] qui se moquaient de son père. Il recevait peu de messages de sympathie, jamais du milieu littéraire – peut-être était-ce de sa faute, il ne le fréquentait pas. Enfermé dans son immense appartement de l'île Saint-Louis, devant un téléphone qui ne sonnait pas – c'était de
15 sa faute aussi, il ne donnait pas son numéro –, il considéra objectivement son existence et soupçonna l'avoir ratée[5].

Certes[6], Isabelle, son épouse, était belle mais froide, cassante,[7] ambitieuse, riche de manière héréditaire[8], beaucoup plus habituée à évoluer dans un monde de
20 prédateurs[9] que lui – ne s'étaient-ils pas autorisés à avoir des liaisons extraconjugales[10], indice que le ciment social tenait davantage leur couple que le lien amoureux ? Certes, il possédait un logement au cœur de la capitale qui faisait des envieux[11] mais l'aimait-il vraiment ? Rien sur les murs,

---

1   fessu/e: → les fesses *f. pl.* (*hier* mit dickem Hintern)
2   néanmoins: malgré cela
3   le chamois: *hier* Gamsleder
4   le/la péteux/-euse: *fam.* Hosenscheißer
5   raté/e: ne pas réussi/e
6   certes: sûrement
7   cassant/e: autoritaire
8   héréditaire: vererbt
9   le/la prédateur/-trice: Räuber, Raubtier
10 extraconjugale: außerehelich
11 l'envieux/-euse: le/la jaloux/-ouse

sur les fenêtres, sur les étagères, sur les canapés, n'avait été choisi par lui : un décorateur s'en était chargé[1] ; au salon, trônait un piano à queue[2] dont personne ne jouait, dérisoire[3] signe de standing ; son bureau avait été conçu pour paraître dans les magazines car Balthazar préférait écrire au café. Il réalisait qu'il vivait dans un décor. Pire, un décor qui n'était pas le sien.

A quoi avait été consacré son argent ? A indiquer qu'il avait percé[4], qu'il s'était établi dans une classe dont il ne venait pas... Rien de ce qu'il possédait ne l'enrichissait[5] réellement quoique tout montrât qu'il était riche.

S'il en avait une vague conscience, ce décalage[6] ne l'avait encore jamais rendu malade car Balthazar était sauvé par la foi[7] qu'il avait dans son œuvre. Or celle-ci, aujourd'hui, était attaquée... Lui-même doutait... Avait-il rédigé un seul roman valable ? La jalousie constituait-elle l'unique raison de ces attaques ? Et si ceux qui le condamnaient avaient raison ?

Fragile, émotif, habitué à trouver son équilibre dans la création, il ne pouvait y accéder dans la vie réelle. Il lui était insupportable que le débat intime qu'il avait toujours porté en lui – ai-je un talent à la hauteur de celui que je souhaiterais avoir ? – devint public. Au point qu'il finit, un soir, après qu'une bonne âme[8] lui eut signalé que sa femme frayait[9] assidûment[10] avec Olaf Pims, par tenter de se suicider.

---

1 se charger de qc: s'occuper de qn/qc
2 le piano à queue: Flügel
3 dérisoire: ridicule
4 percer: *hier* es zu etw. bringen
5 enrichir: devenir (plus) riche
6 le décalage: la différence entre deux faits, deux choses
7 la foi: der Glaube
8 l'âme *f.*: Seele
9 frayer avec qn: fréquenter qn
10 assidûment: régulièrement

Quand la bonne[1] philippine le découvrit inanimé[2], il n'était pas trop tard. Les services d'urgence parvinrent à lui faire reprendre conscience puis, après quelques jours d'observation, on le plaça en hôpital psychiatrique.

Là, il s'enferma dans un silence bienfaisant. Sans doute aurait-il, après quelques semaines, fini par répondre aux psychiatres vaillants[3] et attentionnés qui tentaient de le libérer si l'arrivée inopinée[4] de sa femme n'avait changé le cours de la cure.

Lorsqu'il entendit le bruit métallique de la fermeture automobile, il eut à peine besoin de vérifier par la fenêtre qu'il s'agissait bien d'Isabelle garant son tank[5] dans le parc. En un éclair, il rassembla ses affaires, attrapa son manteau, brisa la porte qui ouvrait sur l'escalier extérieur, vérifia en dévalant les marches[6] qu'il détenait bien un double des clés, bondit[7] vers la voiture d'Isabelle et démarra[8] pendant que celle-ci prenait l'ascenseur.

Il roula plusieurs kilomètres au hasard, hagard[9]. Où irait-il ? Peu importait. Chaque fois qu'il imaginait se réfugier chez quelqu'un, à l'idée de devoir s'expliquer, il renonçait.

Garé sur une aire d'autoroute[10], il remuait[11] un café trop sucré auquel le récipient[12] communiquait sa saveur de carton lorsqu'il remarqua une grosseur dans la poche de son manteau en chamois.

---

1 la bonne: une employée de maison
2 inanimé/e: sans vie
3 vaillant/e: attentif/-ive
4 inopiné/e: inattendu/e, imprévu/e
5 le tank: *ici fam.* la grosse voiture
6 la marche: Stufe
7 bondir: sauter
8 démarrer: mettre le moteur en marche
9 hagard/e: verstört
10 l'aire *f.* d'autoroute *f.*: le parking au bord d'une autoroute
11 remuer qc: *ici* faire tourner une cuillère afin de dissoudre le sucre
12 le récipient: *ici* la tasse

Désœuvré,[1] il ouvrit la lettre et soupira[2] en notant que, le mauvais goût du papier ne suffisant pas, sa fan avait joint un cœur rouge en feutrine[3] brodé de plumes[4] à sa missive[5]. Il amorça[6] sa lecture du bout des yeux ; en l'achevant, il pleurait.

Allongé sur le fauteuil rabattu[7] de la voiture, il la relut vingt fois, au point de la savoir par cœur. A chaque récitation, l'âme candide[8] et chaleureuse d'Odette le bouleversait, versant ses derniers mots tel un baume[9].

> Quand, un jour, le plus tard possible, vous irez au
> Paradis, Dieu s'approchera de vous et vous dira :
> « Il y a plein de gens qui veulent vous remercier du bien
> que vous avez fait sur terre, monsieur Balsan », et parmi
> ces millions de personnes, il y aura Odette Toulemonde.
> Odette Toulemonde qui, pardonnez-lui, était trop
> impatiente pour attendre ce moment-là.

Quand il eut le sentiment d'avoir usé leur effet réconfortant[10], il alluma le moteur et décida de rejoindre l'auteur de ces pages.

➥ voir Sujets d'étude E, p. 152

---

1   désœuvré/e: *ici* sans avoir une occupation précise
2   soupirer: seufzen
3   en feutrine f.: aus Filz
4   brodé/e de plumes: mit Federn bestickt
5   la missive: *ici* la lettre
6   amorcer qc: commencer qc
7   rabattre qc: etw. umklappen
8   candide: pur/e, naïf/naïve
9   la baume: Balsam
10   réconfortant/e: tröstlich

Ce soir-là, Odette Toulemonde préparait une île flottante[1], le dessert favori de la féroce[2] Sue Helen, sa fille, postadolescente affublée[3] d'un appareil dentaire[4] qui allait d'entretiens d'embauche en entretiens d'embauche[5] sans décrocher[6] un engagement. Elle montait le blanc des œufs en neige en chantonnant lorsqu'on sonna à la porte d'entrée. Contrariée[7] d'être interrompue au cours d'une opération si délicate, Odette s'essuya rapidement les mains, ne prit pas le temps de couvrir la simple combinaison de nylon qu'elle portait, et, persuadée qu'il s'agissait d'une voisine de palier[8], alla ouvrir.

Elle demeura bouche bée devant Balthazar Balsan, faible, épuisé[9], mal rasé, un sac de voyage à la main, qui la dévisageait avec fébrilité[10] en brandissant une enveloppe.

— C'est vous qui m'avez écrit cette lettre ?

Confuse, Odette crut qu'il allait la gronder[11].

— Oui… mais…

— Ouf, je vous ai retrouvée.

Odette demeura interdite[12] pendant qu'il soupirait de soulagement[13].

— Je n'ai qu'une seule question à vous poser, reprit-il, j'aimerais que vous y répondiez.

---

1 l'île flottante: dessert français („ Insel " aus Eischnee auf einem „ Meer " von Vanillesauce)
2 féroce: sauvage, turbulent/e
3 affublé/e de qc: équipé/e de qc
4 l'appareil *m*. dentaire: Zahnspange
5 l'entretien *m*. d'embauche *f*.: Vorstellungsgespräch
6 décrocher qc: *ici* recevoir qc
7 contrarié/e: vexé/e
8 le palier: Treppenhaus
9 épuisé/e: très fatigué/e
10 la fébrilité: l'excitation *f*.
11 gronder qn: jdn. ausschimpfen
12 interdit/e: *hier* sprachlos
13 le soulagement: Erleichterung

— Oui ?

— Est-ce que vous m'aimez ?

— Oui.

Elle n'avait pas hésité.

Pour lui, c'était un instant précieux, un instant qu'il dégustait[1] pleinement. Il ne songeait pas à ce que la situation pouvait avoir de gênant[2] pour Odette.

Celle-ci, se frottant les mains d'embarras[3], n'osait parler de ce qui la turlupinait[4] ; elle n'arriva pourtant pas à se retenir :

— Mes œufs en neige…

— Pardon ?

— Mon problème, c'est que j'étais en train de monter des œufs en neige et vous savez, les œufs en neige, si on attend trop, ils…

Embêtée, elle esquissa un geste qui montrait la déflagration[5] des œufs en neige.

Balthazar Balsan, trop bouleversé, n'avait pas suivi.

— En fait, j'aurais une deuxième question.

— Oui.

— Je peux vous la poser ?

— Oui.

— Je peux vraiment ?

— Oui.

Baissant les yeux vers le sol, il demanda sans oser soutenir son regard[6], tel un enfant coupable :

— Me permettez-vous de rester chez vous quelques jours ?

---

1 déguster qc: savourer (genießen)

2 gênant/e: peinlich

3 d'embarras *m.*: de honte *f.*, de gêne *m.*

4 turlupiner qn: *fam.* tourmenter qn

5 la déflagration: *hier* Zusammenfallen, Zusammensinken

6 soutenir le regard de qn: regarder qn droit dans les yeux

— Pardon ?

— Répondez-moi juste : oui ou non ?

Odette, impressionnée, réfléchit deux secondes puis s'exclama avec beaucoup de naturel :

— Oui. Mais vite, s'il vous plaît, à cause de mes œufs en neige !

Elle saisit le sac de voyage et tira Balthazar à l'intérieur.

Ce fut ainsi que Balthazar Balsan, sans que personne ne s'en doutât à Paris, s'installa à Charleroi, chez Odette Toulemonde, vendeuse le jour et plumassière la nuit.

— Plumassière ? demanda-t-il un soir.

— Je couds[1] les plumes sur les costumes des danseuses. Vous savez, les revues, Folies-Bergère, Casino de Paris, tout ça… ça complète ce que je gagne au magasin.

Balthazar découvrait une vie aux antipodes[2] de la sienne : sans gloire, sans argent, et pourtant heureuse.

Odette avait reçu un don[3] : la joie. Au plus profond d'elle, il devait y avoir un jazz-band jouant en boucle[4] des airs[5] entraînants et des mélodies trépidantes[6]. Aucune difficulté ne la démontait[7]. Face à un problème, elle cherchait la solution. Puisque l'humilité et la modestie constituaient son caractère, n'estimant pas, en toute occasion, qu'elle méritait mieux, elle ne se sentait guère frustrée. Ainsi, lorsqu'elle détailla à Balthazar la barre en briques[8] qu'elle habitait avec d'autres locataires aidés par les services sociaux, elle ne désigna que les loggias peintes en couleurs pastel genre

---

1   coudre: nähen
2   l'antipode *m.*: l'opposé *m.*, l'inverse *m.*
3   le don: le talent, la qualité
4   en boucle: *ici* toujours
5   l'air *m.*: la mélodie
6   trépidant/e: pulsierend
7   démonter qn/qc: troubler qn/qc
8   la barre en briques *f. pl.*: *hier* Haus aus Ziegelsteinen

136 Éric-Emmanuel Schmitt

glaces estivales[1], les balcons ornés de fleurs en plastique, les couloirs décorés de macramés, de géraniums ou de dessins de marins tenant une pipe.

— Quand on a la chance d'habiter ici, on ne veut plus déménager. On ne repart que les pieds devant, dans une boîte en sapin… C'est un petit paradis, cet immeuble !

Bienveillante[2] envers l'humanité entière, elle vivait en bonne intelligence[3] avec des êtres qui se définissaient à l'inverse d'elle car elle ne les jugeait pas. Ainsi, ne serait-ce que dans son couloir, elle sympathisait avec un couple de Flamands orange, abonnés au bronzage artificiel et aux clubs échangistes[4] ; elle fraternisait avec une employée de mairie sèche et péremptoire[5] qui savait tout sur tout ; elle échangeait des recettes avec une jeune junkie, déjà mère de cinq enfants, qui avait parfois des crises de rage[6] et griffait[7] les murs ; elle achetait la viande et le pain de M. Wilpute, un retraité impotent, raciste, sous prétexte qu'il avait beau « dire des âneries[8] », c'était quand même un être humain.

En famille, elle montrait une ouverture semblable : l'homosexualité débridée[9] de son fils Rudy lui causait moins d'embarras que la morosité[10] de Sue Helen qui traversait une période difficile. En douceur, quoique repoussée du matin au soir, elle tentait d'aider sa fille à sourire, à prendre patience, à garder confiance et, peut-être, à se séparer de

---

1   estival/e: en été, d'été
2   bienveillant/e: aimable
3   en bonne intelligence f.: *hier* in gutem Einvernehmen
4   le club échangiste: club où l'on peut pratiquer la sexualité de groupe
5   péremptoire: rechthaberisch
6   la crise de rage f.: Tobsuchtsanfall
7   griffer qc: gratter qc
8   l'ânerie f.: la bêtise
9   débridé/e: zügellos
10 la morosité: le manque d'élan

son copain, Polo, un parasite muet[1], goulu[2] et malodorant que Rudy appelait « le kyste »[3].

Balthazar fut admis dans ce logis étroit sans qu'on l'ennuyât avec des questions, comme s'il avait été un cousin de passage auquel l'hospitalité était due. Il ne pouvait s'empêcher de comparer cet accueil avec sa propre attitude – ou celle de sa femme – lorsque des amis leur demandaient de les loger à Paris. « Et les hôtels, ça sert à quoi ! » s'exclamait à chaque fois Isabelle, furieuse, avant de suggérer aux impolis qu'ils seraient si collés[4] sur eux que ça mettrait tout le monde mal à l'aise.

Faute d'être interrogé[5], Balthazar ne se demanda pas non plus ce qu'il faisait là, encore moins pourquoi il y restait. Tant que cette précision lui fut épargnée[6], il retrouva des forces, ignorant lui-même à quel point ce dépaysement[7] social, culturel lui apportait un retour aux origines. Enfant mis au monde sous X[8] par sa mère, Balthazar avait vécu dans différentes familles d'accueil, modestes, composées de braves gens qui ajoutaient quelques années durant un orphelin[9] à leurs propres enfants. Très jeune, il avait juré de « s'échapper[10] par le haut », en réussissant ses études : sa véritable identité serait intellectuelle. Soutenu par des bourses, il apprit le grec, le latin, l'anglais, l'allemand et l'espagnol, dévalisa[11] les bibliothèques publiques pour

---

1 muet/te: qui ne parle pas
2 goulu/e: qui mange énormément
3 le kyste: Zyste
4 être collé/e: être serré/e, être trop proche l'un l'autre
5 faute d'être interrogé/e: parce que personne ne lui posa de question
6 épargner qc à qn: jdm. etw. ersparen
7 le dépaysement: *hier* Tapetenwechsel
8 mettre qn au monde sous X: anonym entbinden
9 l'orphelin/e: enfant qui n'a ni mère ni père
10 s'échapper de qc: s'enfuir, s'absenter discrètement
11 dévaliser qc: *fam.* vider qc

acquérir[1] une culture, prépara et intégra une des plus grandes écoles de France, l'Ecole normale supérieure, en y ajoutant différents diplômes universitaires. Ces prouesses[2] académiques auraient dû le conduire à un travail conformiste – professeur en faculté ou attaché à un cabinet ministériel – s'il n'avait pas découvert en route son talent d'écriture et décidé de s'y consacrer. Curieusement, dans ses livres, il ne décrivait pas le milieu auquel il appartenait depuis son ascension[3] sociale mais celui où il avait passé ses premières années : cela expliquait sans doute l'harmonie de son œuvre, ses suffrages[4] populaires, et certainement le mépris de l'intelligentsia. Devenir un membre de la famille Toulemonde le ramenait à des plaisirs simples, des considérations dépourvues d'ambition[5], au pur plaisir de vivre au milieu de gens chaleureux.

Or[6], en discutant avec les voisins, il découvrit que, pour tout l'immeuble, il était l'amant d'Odette.

Lorsqu'il s'en défendit auprès de Filip, le voisin échangiste qui avait aménagé une salle de musculation dans son garage, celui-ci le pria de ne pas le prendre pour un imbécile.

— Odette n'a pas reçu un homme chez elle depuis des années. Et puis, je te comprends : il n'y a pas de mal à se faire du bien ! C'est une belle femme, Odette. Elle me dirait oui, je ne lui dirais pas non.

---

1 acquérir qc: s'appropier qc, s'attribuer qc
2 la prouesse: le chef d'œuvre, le résultat, le travail
3 l'ascension *f.*: la montée
4 le suffrage: *hier* Zustimmung, Beifall
5 dépourvu/e de qc: sans qc
6 or: cependant, mais

Déconcerté,[1] sentant qu'il devenait inconvenant[2] pour la réputation d'Odette de démentir[3], Balthazar rejoignit l'appartement avec des questions nouvelles.

— Est-ce que je la désire sans m'en rendre compte ? Je
5 n'y ai jamais pensé. Ce n'est pas mon genre de femme... trop... je ne sais pas... enfin non, pas du tout... Puis elle a mon âge... si je devais avoir envie, ce serait avec une plus jeune, normalement... En même temps, rien n'est normal, ici. Qu'est-ce que j'y fabrique[4], d'ailleurs ?

10 Le soir, comme les enfants s'étaient rendus à un concert pop, il se trouva seul avec Odette et posa un regard différent sur elle.

Sous la lumière tamisée[5] du lampadaire, flattée[6] par son pull angora, occupée à coudre un jeu de plumes sur une
15 armure[7] de strass, elle lui apparut fort mignonne. Ce qui lui avait échappé auparavant[8].

Filip a peut-être raison... pourquoi n'y ai-je pas pensé ?

Se sentant observée, Odette leva la tête et lui sourit. La gêne[9] se dissipa[10].

20 Pour se rapprocher d'elle, il posa son livre et servit le café dans les tasses.

— Avez-vous un rêve, Odette ?

— Oui... Aller à la mer.

— La Méditerranée ?

---

1 déconcerté/e: confus/e
2 inconvenant/e: unpassend
3 démentir: nier
4 fabriquer qc: *fam.* faire qc
5 tamisé/e: gedämpft
6 flatté/e: *hier* umschmeichelt
7 l'armure *f.*: *ici* le costume
8 auparavant: avant
9 la gêne: ce qui est gênant
10 se dissiper: disparaître

— La Méditerranée, pourquoi ? On a la mer ici, peut-être moins belle mais plus discrète, plus réservée... la mer du Nord, quoi.

S'asseyant auprès d'elle pour reprendre une tasse, il laissa tomber sa tête contre son épaule. Elle frémit. Encouragé, il promena ses doigts contre son bras, son épaule, son cou. Elle tremblait. Enfin, il approcha ses lèvres.

— Non. S'il vous plaît.

— Je ne vous plais pas ?

— Que vous êtes bête... bien sûr que si... mais non.

— Antoine ? Le souvenir d'Antoine ?

Odette baissa la tête, essuya une larme et déclara avec une grande tristesse, comme si elle trahissait[1] son mari défunt[2] :

— Non. Ce n'est pas à cause d'Antoine.

Balthazar en conclut qu'il avait la voie libre et plaqua[3] ses lèvres sur celles d'Odette.

Une gifle retentissante[4] lui brûla la joue. Puis, de manière contradictoire, les doigts d'Odette se précipitèrent sur son visage pour le câliner[5], effacer[6] le coup.

— Oh pardon, pardon.

— Je ne comprends pas. Vous ne voulez pas...

— Vous faire du mal ? Oh non, pardon.

— Vous ne voulez pas coucher avec moi ?

Une deuxième gifle fut la réponse puis Odette, horrifiée,[7] jaillit[8] du canapé, s'échappa du salon et courut s'enfermer dans sa chambre.

---

1 trahir qn: tromper qn
2 défunt/e: mort/e
3 plaquer qc: *fam.* coller qc, presser qc
4 la gifle retentissante: schallende Ohrfeige
5 câliner qn: caresser qn
6 effacer qc: faire disparaître qc
7 horrifié/e: plein/e d'horreur f.
8 jaillir: sauter

Le lendemain, après une nuit passée dans le garage de Filip, Balthazar décida de partir pour ne pas s'enfoncer[1] davantage dans une situation absurde. Alors que sa voiture filait sur l'autoroute, il prit néanmoins la peine de se rendre
5 au salon de coiffure où travaillait Rudy afin de lui fourguer[2] une liasse de billets[3].

— Je suis obligé de rentrer à Paris. Ta mère est fatiguée et rêve d'aller à la mer. Prends cet argent et loue une maison là-bas, veux-tu. Et surtout ne dis jamais que c'est moi.
10 Prétends que tu as touché une prime[4]. D'accord ?

Sans attendre de réponse, Balthazar sauta dans sa voiture.

A Paris, pendant son absence, sa situation s'était arrangée car on parlait déjà d'autre chose. Son éditeur ne doutait pas
15 qu'avec le temps, Balthazar regagnerait la confiance de ses lecteurs et des médias.

Pour éviter de croiser sa femme, il alla rapidement chez lui à une heure où elle travaillait, lui déposa[5] un mot pour la rassurer[6] sur son état présent – s'inquiète-t-elle d'ailleurs ? –,
20 remplit une valise et se rendit en Savoie où son fils séjournait en classe de neige.

Je dégoterai[7] bien une chambre libre aux environs.

Sitôt qu'il le retrouva, François ne voulut plus le quitter. Après plusieurs jours passés à skier avec lui, Balthazar se
25 rendit compte que, père absent, il devait rattraper un énorme retard de présence et d'amour auprès[8] de son enfant.

---

1 s'enfoncer dans qc: se mettre dans qc, *ici* se perdre dans qc
2 fourguer qc à qn: *fam. ici* donner qc à qn
3 la liasse de billets *m. pl.*: une somme d'argent
4 toucher une prime: eine Prämie erhalten
5 déposer qc: laisser qc
6 rassurer qn sur qc: jdn. einer Sache versichern
7 dégoter qc: *fam.* trouver qc
8 auprès de qn: chez qn

142 Éric-Emmanuel Schmitt

De plus, il ne pouvait s'empêcher de reconnaître en lui sa fragilité et son anxiété[1] chroniques. François voulait se faire accepter des autres en leur ressemblant et cependant souffrait de ne pas devenir assez lui-même.

— Puisque les vacances approchent, que dirais-tu de partir à la mer ? Avec moi et moi seul ?

En réponse, il reçut dans les bras un garçon qui hurlait de joie.

➺ *voir Sujets d'étude F, p. 152*

Le jour de Pâques, Odette se trouvait pour la première fois face à la mer du Nord. Intimidée,[2] elle grattait des dessins sur le sable. L'infini des eaux, du ciel, de la plage lui paraissait un luxe au-dessus de ses moyens ; elle avait l'impression de profiter d'une splendeur indue[3].

Soudain, elle sentit une brûlure sur la nuque[4] et se mit à penser fort à Balthazar. Lorsqu'elle se retourna, il se tenait là, sur la digue[5], son garçon à la main.

Leurs retrouvailles furent intenses mais douces car chacun tentait de ne pas blesser l'autre.

— Je suis revenu auprès de vous, Odette, parce que mon fils a besoin de leçons. Vous en donnez toujours ?

— Quoi ?

— Des cours de bonheur ?

On installa les Balsan dans le pavillon loué comme s'il était naturel qu'ils soient là et les vacances débutèrent.

Quand la vie eut trouvé son cours, Odette éprouva le besoin d'expliquer ses gifles à Balthazar.

---

1 l'anxiété *f.*: la peur
2 intimidé/e: → timide
3 indu/e: unpassend
4 la nuque: Nacken
5 la digue: Deich

— Je ne veux pas coucher avec vous parce que je sais que je ne vivrai pas avec vous. Vous n'êtes que de passage dans ma vie. Vous êtes entré, vous êtes reparti.

— Je suis revenu.

— Vous repartirez... Je ne suis pas idiote : il n'y a pas d'avenir commun entre Balthazar Balsan, le grand écrivain parisien, et Odette Toulemonde, vendeuse à Charleroi. C'est trop tard. Si nous avions vingt ans de moins, peut-être...

— L'âge n'a rien à voir avec...

— Si. L'âge, ça signifie que nos vies sont plutôt derrière que devant, que vous êtes installé dans une existence et moi dans une autre. Paris-Charleroi, de l'argent-pas d'argent : les jeux sont faits. On peut se croiser, on ne peut plus se rencontrer.

Balthazar ne savait pas très bien ce qu'il attendait d'Odette ; mais il avait besoin d'elle, il le savait.

Pour le reste, leur histoire ne ressemblait à rien. Peut-être avait-elle raison en le retenant[1] d'aller vers la banalité de la liaison amoureuse ? Elle pouvait pourtant se tromper[2]... Ne s'interdisait-elle pas d'avoir un corps ? Ne s'était-elle pas infligé[3] une sorte de veuvage[4] insensé après la mort d'Antoine ?

Il s'en rendit particulièrement compte un soir où une danse s'improvisa dans la maison de pêcheur. Livrée à la samba, libérée par la musique, Odette bougeait sensuellement, gracieuse, espiègle,[5] dévoilant[6] une féminité lascive et insolente qu'il ne lui connaissait pas. Lors de ces minutes-là, Balthazar esquissa quelques pas autour d'elle, et ressentit,

---

1 retenir qn de faire qc: jdn. zurückhalten etw. zu tun
2 se tromper: sich täuschen
3 s'infliger qc: sich etw. auferlegen
4 le veuvage: la situation d'une personne ayant perdu son mari / sa femme
5 espiègle: schelmisch
6 dévoiler qc: découvrir qc, montrer qc

entre les frôlements[1] d'épaule et les effleurements[2] de hanche[3], qu'il pourrait aisément se trouver au lit avec elle. Au clair de lune, elle lui fit un aveu ingénu[4] :

— Vous savez, Balthazar, je ne suis pas amoureuse de vous.

— Ah ?

— Non. Je ne suis pas amoureuse de vous : je vous aime.

Il reçut sa déclaration comme la plus belle qu'il eût jamais reçue – plus belle aussi que celles qu'il avait inventées dans ses livres.

En guise de réponse,[5] il lui tendit le dossier en lézard[6] qui contenait le nouveau roman qu'il écrivait depuis qu'il l'avait rejointe.

— Cela s'appellera *Le Bonheur des autres*. J'y raconte le destin de plusieurs personnages qui cherchent le bonheur sans le trouver. S'ils échouent[7], c'est parce qu'ils ont hérité ou adopté des conceptions du bonheur qui ne leur conviennent pas : argent, pouvoir, mariage valorisant[8], maîtresses à longues jambes, voitures de course, grand duplex[9] à Paris, chalet à Megève et villa à Saint-Tropez, rien que des clichés. Malgré leur réussite, ils ne sont pas heureux car ils vivent le bonheur des autres, le bonheur selon les autres. Je vous dois ce livre. Regardez le début.

---

1 le frôlement: acte de toucher qn légèrement
2 l'effleurement *m.*: le frôlement
3 la hanche: Hüfte
4 l'aveu ingénu: la confidence sincère
5 en guise de réponse: comme réponse
6 le lézard: Eidechse(nleder)
7 échouer: ne pas réussir
8 le mariage valorisant: Geldheirat
9 le duplex: l'appartement luxueux

A la lumière du photophore[1], elle contempla la page inaugurale[2] : il y avait inscrit « Pour Dette ».

Elle se sentit si légère qu'elle eut l'impression que sa tête venait de heurter[3] la lune. Son cœur manqua[4] se briser. En reprenant son souffle, elle porta sa main à sa poitrine et murmura :

— Calme-toi, Odette, calme-toi.

Si, à minuit, ils s'embrassèrent encore sur les joues en se souhaitant de beaux rêves, Balthazar envisagea que, dans les deux jours qui restaient, ils deviendraient logiquement amants.

Une mauvaise surprise l'attendait le lendemain. Au retour d'une excursion à vélo entreprise avec François, Rudy et Sue Helen, il découvrit que sa femme et son éditeur patientaient[5] au salon.

Lorsqu'il aperçut Isabelle, il flaira[6] un mauvais coup et faillit s'emporter[7] contre elle. Odette le retint.

— Ne la grondez[8] pas. C'est moi et uniquement moi qui suis à l'origine de cette réunion. Asseyez-vous et prenez un gâteau. C'est fait maison. Je vais chercher à boire.

La scène qui suivit fut surréelle aux yeux de Balthazar. Englué[9] dans un cauchemar[10], il avait l'impression qu'Odette se prenait pour Miss Marple à la fin d'une enquête : autour d'un thé et de quelques petits-fours, elle réunissait les

---

1 le photophore: Windlicht, Fackel
2 la page inaugurale: la première page
3 heurter qc: toucher qc
4 manquer faire qc: presque faire qc, faillir faire qc
5 patienter: attendre avec patience
6 flairer qc: pressentir qc, se douter de qc
7 s'emporter contre qn/qc: s'abandonner à la colère contre qn/qc
8 gronder qn: disputer qn
9 englué/e: geklebt
10 le cauchemar: un très mauvais rêve

personnages du roman policier pour leur expliquer l'affaire et en tirer les conclusions.

— Balthazar Balsan m'a beaucoup apporté par ses livres. Je n'ai jamais pensé pouvoir lui rendre ce qu'il m'a donné jusqu'à ce que, par un concours de circonstances, il vienne se réfugier chez moi il y a quelques semaines. Bientôt, il va devoir rentrer à Paris car, à son âge et avec sa notoriété[1], on ne recommence pas sa vie à Charleroi. Or il n'ose pas parce qu'il a honte, d'abord, mais surtout parce qu'il a peur.

Elle se tourna vers Isabelle qui paraissait sceptique devant le mot « peur ».

— Peur de vous, madame ! Pourquoi ? Parce que vous ne l'admirez plus assez. Vous devez être fière de votre mari : il rend des milliers de gens heureux. Peut-être que, dans le lot,[2] il y a des petites secrétaires et de minuscules employées comme moi, mais justement ! Qu'il arrive à nous passionner et à nous bouleverser[3], nous qui lisons peu, nous qui ne sommes pas cultivées comme vous, cela prouve qu'il a plus de talent que les autres ! Beaucoup plus ! Car vous savez, Olaf Pims, madame, peut-être qu'il écrit aussi des livres magnifiques, pourtant il me faut un dictionnaire et plusieurs tubes d'aspirine rien que pour comprendre de quoi il parle. C'est un snob qui ne s'adresse qu'aux gens qui ont lu autant de livres que lui.

Elle tendit une tasse de thé à l'éditeur en l'accablant[4] d'un œil courroucé[5].

— Alors vous, monsieur, vous devez défendre davantage votre auteur auprès des gens de Paris qui l'insultent et lui

---

1 la notoriété: la célébrité
2 dans le lot: dans la masse
3 bouleverser qn/qc: jdn./etw. umwerfen
4 accabler qn: accuser qn
5 courroucé/e: plein/e de colère

foutent le bourdon[1]. Quand on a la chance de fréquenter des trésors pareils, on s'en occupe. Ou alors, faut changer de métier, monsieur ! Goûtez mon cake au citron, je l'ai cuisiné spécialement !

5 Terrorisé, l'éditeur obéit. Odette se tourna de nouveau vers Isabelle Balsan.

— Vous croyez qu'il ne vous aime pas ? Qu'il ne vous aime plus ? C'est peut-être ce qu'il croit aussi... Pourtant, j'ai remarqué une chose, moi : votre photo, il la garde
10 continuellement sur lui.

Isabelle, atteinte[2] par la simplicité d'Odette, baissa la tête et devint sincère.

— Il m'a tellement trompée...

— Ah, si vous croyez qu'un homme, ça ne doit pas flirter
15 ailleurs ni renifler[3] ailleurs, faut pas prendre un homme, madame, mais un chien ! Et encore, faudrait le tenir enchaîné à sa niche[4]. Moi, mon Antoine, que j'aimais tant et que j'aime autant vingt ans après, je me doutais bien qu'il avait laissé traîner ses pattes[5] sur d'autres, différentes, plus jolies peut-
20 être, ou tout simplement avec une autre odeur. N'empêche, c'est dans mes bras qu'il est mort. Dans mes bras. En me regardant. Et ça, ce sera mon cadeau pour toujours...

Elle lutta un instant contre l'émotion où elle était tombée sans l'avoir prévu et s'obligea à continuer :
25 — Balthazar Balsan va revenir vers vous. J'ai fait le maximum pour vous le retaper[6], pour vous le remettre en forme, pour qu'il sourie, qu'il rie, parce que, franchement[7], des hommes comme ça, si bons, si doués, si maladroits, si

---

1 foutre le bourdon à qn: *fam.* déprimer qn
2 être atteint/e de qc: von etw. angerührt/ergriffen/erschüttert sein
3 renifler: schnüffeln
4 la niche: Hundehütte
5 la patte: le pied d'un animal
6 retaper qn: jdn. wieder auf die Beine bringen
7 franchement: véritablement, sincèrement

148 Éric-Emmanuel Schmitt

généreux, on ne peut pas les laisser se noyer[1]. Moi, dans
deux jours, je rentre à Charleroi, je retourne au magasin.
Alors je ne voudrais pas que mon ouvrage se perde…

Balthazar contemplait avec douleur Odette qui,
publiquement, déchirait[2] en morceaux leur histoire d'amour. 5
Il lui en voulait,[3] il la détestait de lui infliger ça. Il lui semblait
qu'elle avait une expression trouble, égarée, une figure de
folle, mais il sentait qu'il était inutile de s'opposer. Si elle
avait décrété[4] qu'il en serait ainsi, elle n'en démordrait
pas[5]. 10

Avant de reprendre la route, il entreprit une balade au
milieu des dunes avec Isabelle. Ni l'un ni l'autre n'étaient
convaincus qu'ils arriveraient à revivre ensemble mais, pour
François, ils avaient décidé d'essayer.

Lorsqu'ils revinrent à la maison de pêcheur, une 15
ambulance les croisa en déchirant l'air de ses cris : Odette
venait d'être victime d'une crise cardiaque[6].

➥ *voir Sujets d'étude G, p. 153*

Tant que sa vie fut suspendue à un fil, tout le monde demeura
à Blieckenbleck. Après que le service de réanimation eut
confirmé que ses jours n'étaient plus en danger, l'éditeur, 20
Isabelle et son fils regagnèrent Paris.

Balthazar, lui, s'arrangea pour prolonger la location[7] de
la villa ; il s'occupa de Rudy et Sue Helen, stipulant[8] qu'ils
devaient cacher à leur mère qu'il était demeuré[9] là.

---

1   se noyer: aller dans l'eau pour mourir
2   déchirer qc: détruire qc, casser qc
3   en vouloir à qn d'avoir fait qc: être fâché/e contre qn
4   décréter qc: décider qc avec autorité *f.*, ordonner qc
5   démordre de qc: renoncer à qn/qc, abandonner qn/qc
6   cardiaque: → le cœur
7   la location: → loyer
8   stipuler qc: insister sur qc
9   demeurer: rester

— Plus tard… Quand elle ira mieux…

Chaque jour, il emmenait les enfants à la clinique et les attendait sur un siège au milieu des plantes vertes, des mamies[1] en robe de chambre et des patients errant avec leur
5 perfusion au bout d'une perche[2].

Enfin, Odette reprit ses forces, ses couleurs, ses esprits et s'étonna que quelqu'un eût placé la photo d'Antoine sur sa table de chevet.

— Qui a fait ça ?

10 Les enfants avouèrent que l'initiative venait de Balthazar et que celui-ci, resté à Blieckenbleck, s'était occupé d'eux à l'instar[3] d'un père.

A l'émotion de leur mère, à l'affolement[4] des appareils cardiologiques, à la danse des diagrammes verts mesurant
15 le rythme des palpitations[5], les enfants comprirent que Balthazar avait eu raison d'attendre sa convalescence et se doutèrent que son premier malaise venait de ce qu'elle avait repoussé Balthazar – ce que son cœur n'avait pu supporter.

Le lendemain, Balthazar pénétra[6], ému[7] comme s'il avait
20 quinze ans, dans la chambre d'Odette. Il lui présenta deux bouquets[8].

— Pourquoi deux bouquets ?

— Un de ma part. Un de la part d'Antoine.

— Antoine ?

25 Balthazar s'assit près du lit en désignant la photo de son mari avec douceur.

---

1 la mamie: *fam*. la grand-mère
2 la perfusion au bout d'une perche: Infusion am Infusionsständer
3 à l'instar de: comme
4 l'affolement *m*.: Aufregung, Aufruhr
5 la palpitation: le battement du cœur
6 pénétrer: entrer
7 ému/e: bewegt
8 le bouquet (de fleurs *f*.): des fleurs arrangées

— Nous sommes devenus très bons copains, Antoine et moi. Il m'a accepté. Il considère que je vous aime suffisamment pour avoir droit à son respect. Lorsque vous avez eu votre malaise, il m'a avoué qu'il s'était réjoui un peu vite ; il a cru que vous veniez le rejoindre. Puis il s'en est voulu d'avoir eu une pensée si égoïste ; maintenant, pour ses enfants et vous, il est rassuré que vous alliez mieux.

— Qu'est-ce qu'il vous a dit d'autre ?

— Ça ne va pas vous plaire…

Balthazar se pencha respectueusement vers Odette pour murmurer :

— Il vous a confiée[1] à moi…

Bouleversée[2], Odette se mit sangloter[3] en silence, touchée au plus profond. Elle essaya néanmoins de plaisanter.

— Il ne me demande pas mon avis ?

— Antoine ? Non. Il prétend que vous avez une tête de bois[4].

Il se pencha davantage et ajouta, avec une tendresse irrésistible :

— Je lui ai répondu… que je suis d'accord.

Ils s'embrassèrent enfin.

Aussitôt, les appareils cardiologiques se mirent à trépider[5], une sorte d'alarme retentit, appelant le personnel au secours parce qu'un cœur s'emballait[6].

Balthazar détacha[7] ses lèvres et murmura en regardant Odette :

— Calme-toi, Odette, calme-toi.

➦ *voir Sujets d'étude H, p. 153*

---

1 confier qn/qc à qn: jdn./etw. jdm. anvertrauen
2 bouleversé/e: confus/e
3 sangloter: pleurer
4 avoir une tête de bois: eigensinnig sein
5 trépider: vibrer, être agité/e
6 s'emballer: *ici* battre/palpiter rapidement
7 détacher qc: ≠ unir qc

Sujets d'étude

A. Page 114, l. 1 – page 115, l. 18

1. Résumez ce début de nouvelle.
2. Faites le portrait d'Odette. Commencez une liste que vous compléterez en lisant (biographie, famille, profession, vie quotidienne).
3. Précisez la signification du nom d'Odette Toulemonde.
4. Quel sera le sujet de la nouvelle ? Esquissez le déroulement de l'action.

B. Page 115, l. 19 – page 119, l. 19

1. Présentez Balthazar Balsan.
2. Complétez la liste servant à esquisser le portrait d'Odette (cf. A, ex. 2).
3. Dégagez les sentiments d'Odette et expliquez son comportement lors de la rencontre avec l'écrivain.
4. De retour à la maison, Odette raconte à son fils Rudy sa « performance ratée ». Imaginez le dialogue.

C. Page 119, l. 20 – page 122, l. 22

1. Exposez brièvement la situation de Balthazar Balsan.
2. Jugez la critique littéraire.

D. Page 123, l. 1 – page 125, l. 13

1. Qu'apprend-on sur la famille et les conditions de vie d'Odette Toulemonde ? Complétez votre liste.
2. Étudiez le rôle que tiennent les livres de Balthazar Balsan dans la vie d'Odette.
3. Comparez l'opinion d'Odette concernant les livres de Balsan à la critique d'Olaf Pims.

E. Page 125, l. 14 – page 132, l. 19

1. Décrivez les différentes étapes de la crise de Balthazar Balsan.
2. Relevez les informations sur la vie de Balthazar.
3. Précisez l'importance de la lettre d'Odette pour Balthazar.
4. La femme de Balsan arrivée à l'hôpital ne découvre qu'une chambre vide. Le soir, elle raconte sa journée mouvementée à une copine. Imaginez et écrivez le dialogue.

F. Page 133, l. 1 – page 142, l. 8

1. Résumez cette partie de la nouvelle.
2. Expliquez la réaction d'Odette suite à l'approche de Balthazar.
3. Relevez la conception du bonheur d'Odette.
4. Imaginez une des situations suivantes et rédigez la lettre.
   a) Le soir, après le départ de Balthazar, Odette lui adresse une nouvelle lettre dans l'intention de lui expliquer son comportement.
   b) Après son départ, Balthazar écrit une lettre à Odette pour s'excuser et pour lui expliquer sa conduite.

G. Page 142, l. 9 – page 148, l. 17

1. Rudy écrit à son petit ami et lui raconte les événements à Blieckenbleck. Racontez à sa place.
2. Jugez l'efficacité des tentatives d'Odette de résoudre les problèmes relationnels et humains des autres.
3. Odette atteinte d'une crise cardiaque : va-t-elle en guérir ? Écrivez le dénouement de la nouvelle.

H. Page 148, l. 18 – page 150, l. 27

1. Exposez la fin de la nouvelle.
2. Jugez la stratégie de Balthazar.
3. Donnez-vous une chance à cette relation ? Justifiez votre opinion.

Après la lecture

1. Après avoir lu la nouvelle, associez-y une couleur, un objet et une saison. Justifiez votre choix.
2. Écrivez cette histoire d'amour de la perspective
   a) de la femme de Balthazar,
   b) du fils de Balthazar (François),
   c) du fils d'Odette (Rudy).
3. Travail créatif :
   a) Vous voulez publier cette nouvelle. Créez une couverture de livre.
   b) Écrivez un texte du rabat (Klappentext) pour cette nouvelle.
   c) Jeu de rôle. Écrivez une critique de la nouvelle. Présentez-la dans une émission littéraire.

Éric-Emmanuel Schmitt
Wanda Winnipeg

En cuir[1], l'intérieur de la Royce. En cuir, le chauffeur et ses gants. En cuir, les valises et les sacs bourrant[2] la malle[3]. En cuir, la sandale tressée[4] qui annonce une jambe fine au bord de la portière. En cuir, le tailleur jupe écarlate[5] de Wanda Winnipeg.

Les chasseurs[6] s'inclinent.

Wanda Winnipeg franchit le seuil[7] sans regarder personne ni vérifier que ses affaires suivent. Comment en serait-il autrement ?

Derrière le comptoir[8] de l'hôtel, les employés frémissent[9]. Faute de pouvoir capter son attention derrière ses lunettes fumées, ils débordent de formules accueillantes.

— Bienvenue, madame Winnipeg, c'est un grand honneur pour nous que vous descendiez au Royal Emeraude. Nous ferons tout pour rendre votre séjour le plus agréable possible.

Elle reçoit ces marques de haute estime[10] ainsi qu'une menue monnaie due, sans y répondre. Les employés continuent la conversation comme si elle y participait.

---

1 le cuir: peau de certains animaux
2 bourrer qc: remplir complètement
3 la malle: *hier* Kofferraum
4 tressé/e: geflochten
5 écarlate: de couleur rouge vif
6 le chasseur: *ici* un employé d'hôtel
7 le seuil: l'entrée *f.*
8 le comptoir: une table élevée longue et droite
9 frémir: s'agiter
10 l'estime *f.*: Wertschätzung

— L'espace beauté est ouvert de sept heures à vingt et une heures, ainsi que l'espace fitness et la piscine.

Elle grimace. Paniqué, le responsable anticipe sur un problème.

— Naturellement, si vous y tenez[1], nous pouvons changer nos horaires et nous adapter aux vôtres.

Arrivant à la hâte, le directeur, essoufflé[2], s'est glissé derrière elle et glapit[3] :

— Madame Winnipeg, quel immense honneur pour nous que vous descendiez au Royal Emeraude ! Nous ferons tout pour vous rendre votre séjour le plus agréable possible.

Parce qu'il vient d'énoncer le même cliché que son petit personnel, Wanda Winnipeg a un sourire moqueur[4] qu'elle ne cache pas aux employés, l'air de dire « Pas très malin, votre patron, pas fichu[5] de s'exprimer mieux que vous », puis elle pivote[6] pour tendre sa main à baiser. Le directeur n'a pas saisi[7] son ironie et ne s'en doutera[8] pas car elle lui accorde la grâce[9] de répondre.

— J'espère en effet que je ne serai pas déçue : la princesse Mathilde m'a tant vanté[10] votre établissement.

Par un mouvement réflexe des talons[11], entre le militaire qui salue et le danseur de tango qui remercie, le directeur accuse le coup[12] : il vient de comprendre qu'en logeant Wanda Winnipeg, il ne reçoit pas seulement une des plus

---

1   tenir à qc: désirer qc à tout prix
2   essoufflé/e: sans souffle
3   glapir: bellen, kreischen
4   moqueur/-euse: → se moquer de qn/qc
5   être fichu/e de: *fam.* être capable de
6   pivoter: se tourner
7   saisir qc: *ici* comprendre qc
8   se douter de qc: *ici* remarquer qc
9   la grâce: la faveur
10   vanter qn/qc: jdn./etw. loben/anpreisen
11   le talon: Absatz
12   accuser le coup: manifester une réaction

grandes fortunes mondiales mais une femme qui fréquente le gotha[1].

— Vous connaissez Lorenzo Canali, naturellement ?

Du geste, elle présente son amant, un bel homme aux cheveux noirs, longs, presque cirés, qui incline la tête en offrant un demi-sourire, parfait dans le rôle du prince consort[2] qui doit à la conscience de son rang inférieur la nécessité de se montrer plus aimable que la reine.

Puis elle s'éloigne vers sa suite, sachant très bien ce qu'on est en train de murmurer dans son sillage[3].

— Je la croyais plus grande… Quelle jolie femme ! Et elle paraît plus jeune que sur ses photos, non ?

Dès qu'elle pénètre dans l'appartement, elle sent qu'elle y sera très bien ; cependant elle écoute le directeur en vanter les mérites en affichant une moue[4] sceptique. Malgré l'ampleur[5] de l'espace, le marbre[6] des deux salles de bains, l'abondance[7] de bouquets[8], la qualité des téléviseurs, les marqueteries[9] précieuses de meubles, elle demeure sur sa faim[10], se contentant d'observer qu'un poste de téléphone serait utile sur la terrasse si elle désire communiquer d'un des transats[11].

— Bien sûr, madame, vous avez raison, nous vous le montons dans une minute.

---

1   le gotha: *L'Almanach de Gotha* (Verzeichnis der Adligen)
2   le prince consort: Prinzgemahl
3   le sillage: Spur, Kielwasser
4   afficher une moue: faire une grimace
5   l'ampleur *f.*: la grandeur
6   le marbre: Marmor
7   l'abondance *f.*: la grande quantité
8   le bouquet (de fleurs *f. pl.*): Blumenstrauß
9   la marqueterie: Einlegearbeit, Intarsie
10   demeurer sur sa faim: *ici* rester insatisfait/e
11   le transat(lantique): *ici* la chaise-longue

Elle se garde bien de lui préciser qu'elle ne l'utilisera jamais, elle se servira de son portable, car elle tient à le terroriser jusqu'à son départ afin qu'il la serve mieux. Le directeur du Royal Emeraude referme la porte en s'inclinant, lui promettant avec effusion[1] monts et merveilles[2].

Enfin seule, Wanda s'étend sur un canapé, laissant Lorenzo et la femme de chambre distribuer les vêtements dans les armoires. Elle sait qu'elle impressionne et s'en amuse toujours.

Parce qu'elle réserve son avis, on la respecte ; parce qu'elle ne parle que pour proférer[3] un jugement désagréable, on la craint. L'effervescence[4] que crée la moindre de ses apparitions ne vient pas uniquement de sa richesse, ni de sa célébrité, ni de son physique irréprochable, elle tient à une sorte de légende qui l'entoure.

Qu'a-t-elle accompli[5], après tout ? Selon elle, cela se résume en deux principes : savoir épouser et savoir divorcer.

Wanda a monté les échelons[6] de la société à chaque mariage. Le dernier – il y a quinze ans – a fait d'elle ce qu'elle est aujourd'hui. En convolant[7] avec le milliardaire américain Donald Winnipeg, elle est devenue célèbre, les magazines du monde entier ayant publié des photos de leurs noces. Par la suite, ce sont les couvertures qui lui ont été proposées lors de son divorce, un des plus juteux[8] et des

---

1 avec effusion f.: überschwänglich
2 promettre monts m. pl. et merveilles f. pl.: promettre de grands avantages
3 proférer qc: dire qc à haute voix
4 l'effervescence f.: l'agitation f.
5 accomplir qc: réaliser qc, faire qc
6 l'échelon m.: Stufe
7 convoler avec qn: se marier avec qn
8 juteux/-euse: fam. hier lukrativ

plus médiatisés[1] de ces dernières années, divorce qui l'a transformée en une des femmes les plus argentées[2] de la planète.

Depuis, sa vie de rentière[3] se montre aisée[4] : Wanda Winnipeg se contente d'engager des gens très qualifiés pour gérer ses affaires[5] ; s'ils déméritent[6], elle les vire[7] sans remords[8].

Lorenzo entre et roucoule[9] de sa voix chaude :

— Quel est le programme de cet après-midi, Wanda ?

— Nous pourrions d'abord piquer un plongeon[10] à la piscine et ensuite nous reposer dans la chambre. Qu'en penses-tu ?

Lorenzo traduit immédiatement en son langage les deux ordres de Wanda : la contempler nager deux kilomètres, lui faire l'amour.

— Bien, Wanda, c'est une perspective qui me plaît beaucoup.

Wanda lui adresse un sourire bienveillant[11] : Lorenzo n'a pas le choix mais il est élégant de sa part de jouer avec plaisir la soumission[12].

En retournant à la salle de bains, par un subtil déhanchement[13] il lui donne à admirer sa taille élancée[14],

---

1 médiatisé/e: transmis/e par les médias
2 argenté/e: *ici* riche
3 le/la rentier/-ière: personne qui vit de ses revenus
4 aisé/e: commode
5 gérer ses affaires: administrer sa fortune
6 démériter: sich als unwürdig erweisen
7 virer qn: renvoyer qn
8 sans remords *m. pl.*: sans scrupules *m. pl.*
9 roucouler: gurren
10 piquer un plongeon: *fam.* sauter dans la piscine, aller nager
11 bienveillant/e: aimable
12 la soumission: → se soumettre
13 le déhanchement: Hüftschwung
14 élancé/e: mince

sa cambrure de reins[1]. Elle songe avec volupté[2] qu'elle malaxera[3] bientôt ses fesses[4] d'homme à pleines mains.

C'est ce que je préfère chez eux, va savoir pourquoi !

Dans son monologue intérieur, Wanda use de phrases simples dont les formules populaires révèlent[5] son origine. Fort heureusement, elle seule les entend.

Lorenzo revient en chemise de lin[6] et maillot moulant[7], prêt à l'accompagner au bassin. Jamais Wanda n'a eu un compagnon aussi consommé[8] : il ne regarde aucune autre femme, il ne sympathise qu'avec les amis de Wanda, il mange comme elle, se lève aux mêmes heures et se révèle d'une bonne humeur constante. Peu importe qu'il apprécie[9] tout ou qu'il n'apprécie rien, il remplit son rôle.

Tout compte fait, il est impeccable[10]. Cela dit, je ne suis pas mal non plus.

Par là, elle ne pense pas à son physique mais à son comportement : si Lorenzo se conduit en gigolo[11] professionnel, Wanda sait, elle aussi, de quelle manière traiter un gigolo. Il y a quelques années encore, devant l'attitude attentionnée, galante, irréprochable[12] de Lorenzo, elle aurait émis des soupçons[13] et l'aurait suspecté d'homosexualité. Aujourd'hui, il lui importe peu[14] de découvrir si Lorenzo

---

1 la cambrure de reins *m. pl.*: *hier* Wölbung am unteren Rücken
2 la volupté: le désir sexuel, la sensualité
3 malaxer qc: etw. kneten
4 les fesses *f. pl.*: *fam.* le derrière
5 révéler qc: démasquer/dévoiler/manifester qc
6 le lin: Leinen
7 le maillot moulant: hautenge Badehose
8 consommé/e: parfait/e
9 apprécier qn/qc: aimer qn/qc
10 impeccable: sans défaut *m.*
11 le gigolo: l'amant *m.* entretenu par une femme
12 irréprochable: parfait/e
13 le soupçon: → soupçonner qc, suspecter qc
14 il importe peu: cela n'est pas très important

désire ou non les hommes ; il lui suffit qu'il la baise[1] bien
et aussi souvent qu'elle le désire. Rien d'autre. Et elle ne
souhaite pas non plus savoir si, comme tant d'autres, il ne va
pas en cachette[2] aux toilettes s'injecter avec une seringue[3]
un produit lui permettant de se présenter au garde-à-vous[4]   5
devant elle...

Nous, femmes, nous savons si bien feindre[5]... Pourquoi
ne supporterions-nous pas qu'ils trichent[6] à leur tour ?

Wanda Winnipeg a accédé[7] à ce moment heureux dans la
vie d'une ambitieuse où, enfin, le cynisme finit par produire   10
une sagesse[8] : libérée de l'exigence morale, elle jouit de
la vie telle qu'elle est et des hommes tels qu'ils sont, sans
s'indigner[9].

Elle consulte son agenda et vérifie l'organisation de ses
vacances. Puisque Wanda déteste s'ennuyer, elle prévoit   15
tout : soirées de bienfaisance, visites de villas, rendez-vous
avec les amis, expéditions en jet-ski, massages, ouvertures
de restaurants, inaugurations[10] de boîtes[11], bals costumés ;
il ne reste guère de place pour l'improvisation ; les heures
consacrées au shopping ou à la sieste ont aussi été délimitées.   20
L'ensemble de son personnel – Lorenzo compris – détient
une copie de cet agenda et devra s'opposer au raseur[12] qui

---

1   baiser qn: *vulg.* coucher avec qn
2   en cachette: → se cacher
3   la seringue: Spritze
4   au garde-à-vous: in Bereitschaft
5   feindre qc: simuler qc
6   tricher: tromper qn
7   accéder à qc: arriver à qc
8   la sagesse: Weisheit
9   s'indigner: sich entrüsten
10   l'inauguration *f.*: Einweihung
11   la boîte: *fam.* Laden, Firma, Disko
12   le/la raseur/-euse: *fam.* Nervensäge

entreprendrait leur siège[1] pour obtenir la présence de Mme Winnipeg à sa table ou sa partie.

Rassurée, elle ferme les yeux. Une odeur de mimosa vient la déranger. Elle se trouble[2], se redresse, inspecte avec
5   inquiétude les alentours[3]. Fausse alerte[4]. Elle n'est victime que d'elle-même. Ce parfum vient de lui rappeler qu'elle a passé une partie de son enfance ici, qu'elle était pauvre en ce temps-là, et qu'elle ne s'appelait pas Wanda. Personne ne le sait ni ne le saura. Elle a totalement réinventé sa
10   biographie et s'est arrangée pour qu'on croie qu'elle est née près d'Odessa, en Russie. L'accent qu'elle s'est forgé[5] dans cinq langues – et qui met si bien en valeur son timbre[6] rauque – accrédite[7] ce mythe.

En se levant, elle secoue la tête et chasse ses souvenirs.
15   Adieu, réminiscences[8] ! Wanda contrôle tout, son corps, son comportement, ses affaires, sa sexualité, son passé. Elle doit passer des vacances délicieuses. D'ailleurs, elle a payé pour cela.

➺ *voir Sujets d'étude A, p. 180*

La semaine se déroule à merveille[9].
20   Ils volent de dîners « exquis » en déjeuners « délicieux », sans oublier les soirées « divines ». Partout d'identiques conversations attendent les convives[10] de la jet-set et,

---

1 le siège: Belagerung
2 se troubler: unsicher werden
3 les alentours *m. pl.*: ce qui est autour de qn/qc
4 l'alerte *f.*: le signal qui annonce un danger
5 se forger qc: créer qc
6 le timbre: *ici* le caractère sonore d'une voix
7 accréditer qc: rendre qc crédible
8 la réminiscence: le souvenir
9 à merveille *f.*: *ici* de la meilleure façon
10 le/la convive: l'invité/e

rapidement, Wanda et Lorenzo savent discuter aussi bien que s'ils avaient passé l'été sur la Côte, des avantages du Disco Privilège, du retour du string – « quelle drôle d'idée, mais quand on peut se le permettre, n'est-ce pas... » –, de ce jeu « épatant[1] » où l'on doit évoquer des titres de films par un mime – « si vous aviez vu Nick essayant de nous faire deviner *Autant en emporte le vent*[2] ! » –, de la voiture électrique « idéale pour aller à la plage, ma chérie », de la faillite[3] d'Aristote Paropoulos et surtout de l'avion privé écrasé de ces pauvres Sweetenson – « un monomoteur, ma chère, prend-on un monomoteur quand on a les moyens de se payer un jet privé ? »

Le dernier jour, une expédition sur le yacht des Farinelli – « mais si, lui est le roi de la sandale italienne, la fine, avec un double laçage sur la cheville[4], on ne connaît que lui » – emporte Wanda et Lorenzo sur les eaux paisibles[5] de la Méditerranée.

Les femmes comprennent vite le but du trajet : monter sur le pont avant afin d'exhiber, quel que soit leur âge, une plastique parfaite, poitrine solide, taille fine et jambes sans cellulite. Wanda se prête à l'exercice avec le naturel de celle qui se sait supérieurement bien faite et supérieurement bien entretenue. Lorenzo – décidément exemplaire – la couve[6] d'un chaud regard tel un amoureux. Amusant, non ? Wanda récolte[7] quelques compliments qui la mettent de bonne humeur et dans cet état, accentué par le vin rosé de Provence,

---

1 épatant/e: *fam.* remarquable
2 Autant en emporte le vent: Vom Winde verweht (*titre d'un film romantique américain très connu, tourné en 1939*)
3 la faillite: l'échec financier
4 la cheville: Knöchel
5 paisible: → la paix
6 couver qn: regarder qn avec tendresse *f.*
7 récolter qc: obtenir qc

elle descend avec la joyeuse troupe de milliardaires sur la plage des Salins où les dépose le Zodiac[1].

Une table a été dressée pour eux à l'ombre des panneaux en paille[2] sous lesquels s'étale le restaurant.

5 — Voulez-vous voir mes tableaux, messieurs dames ? Mon atelier est au bout de la plage. Je vous y conduis dès que vous le souhaitez.

Evidemment, personne ne répond à la voix humble[3]. Elle sort d'un vieillard qui s'est approché à distance respectueuse. 10 On continue à rire et à parler fort, comme s'il n'existait pas. Lui-même a l'impression d'avoir échoué[4] à se faire entendre car il recommence.

— Voulez-vous voir mes tableaux, messieurs dames ? Mon atelier est au bout de la plage. Je vous y conduis dès 15 que vous le souhaitez.

Cette fois-ci, un silence agacé[5] marque qu'on a bien repéré[6] le raseur. Guido Farinelli jette un œil mauvais au restaurateur qui, obéissant prestement[7], s'approche du vieil homme, le saisit par le bras et l'emmène en le grondant.

20 Les conversations reprennent. Personne ne remarque que Wanda, elle, a pâli[8].

Elle l'a reconnu.

Malgré les années, malgré sa détérioration physique[9] – quel âge a-t-il, maintenant, quatre-vingts ans ? –, elle a 25 tremblé en réentendant ses intonations.

---

1 le Zodiac: *Markenname* Schlauchboot mit Außenborder
2 la paille: Stroh
3 humble: modeste, sans éclat *m.*
4 échouer: ne pas réussir
5 agacé/e: énervé/e
6 repérer qn/qc: remarquer qn/qc
7 prestement: vite
8 pâlir: devenir pâle, blanc/blanche
9 la détérioration physique: la perte des forces *f. pl.* et de la beauté physique

Sur le coup, elle écarte, hostile, ce souvenir. Elle déteste le passé. Elle déteste surtout ce passé-là, son passé misérable ; pas un instant depuis qu'elle y a mis les pieds, elle n'a songé qu'elle a fréquenté cette plage des Salins, ce sable piqueté[1] de roches noires tant foulé[2] il y a longtemps, un temps oublié de tous, un temps où elle n'était pas encore Wanda Winnipeg. Puis le souvenir s'impose malgré elle, contre elle, et, à sa surprise, il lui apporte un bonheur chaleureux.

Discrètement, elle pivote pour contempler le vieillard à qui le restaurateur, plus loin, a offert un pastis[3]. Il a toujours cet air un peu égaré, cet étonnement d'enfant qui ne comprend pas bien le monde.

Oh, il n'était pas très intelligent, déjà, à l'époque. Ça n'a pas dû s'arranger. Mais qu'est-ce qu'il était beau !…

Elle se surprend à rougir. Oui, elle, Wanda Winnipeg, la femme aux milliards de dollars, elle sent des picotements[4] enflammer sa gorge et ses joues comme lorsqu'elle avait quinze ans…

Affolée[5], elle craint que ses voisins de table ne remarquent le trouble qui l'envahit[6], au lieu de cela les discussions, arrosées[7] par le rosé, se déploient[8].

Avec un sourire, elle choisit de leur fausser compagnie[9] et, sans bouger, protégée par ses lunettes fumées, elle retourne dans son passé.

➦ *voir Sujets d'étude B, p. 180*

---

1 piqueté/e de qc: gesprenkelt, übersät
2 fouler: marcher sur qc
3 le pastis: une boisson alcoolisée à base d'anis
4 le picotement: Kribbeln
5 affolé/e: être pris/e de panique
6 envahir qn/qc: entrer de force *f.*
7 arrosé/e: *ici* animé/e par l'alcool *m.*
8 se déployer: se développer, s'étendre
9 fausser compagnie à qn: quitter qn sans le prévenir, *ici* prétendre de suivre la conversation

Elle avait quinze ans alors. Selon sa biographie officielle, à cet âge-là, elle se trouvait en Roumanie, travailleuse dans une fabrique de cigarettes ; curieusement, personne n'a songé à vérifier ce détail qui la transforme, de façon romanesque, en une sorte de Carmen sortie de la mouise[1]. En réalité, elle vivait depuis quelques mois non loin d'ici, à Fréjus, placée dans une institution pour adolescents difficiles, la plupart orphelins[2]. Si elle n'avait jamais connu son père, sa mère – la vraie – vivait encore à l'époque ; cependant les médecins, à cause de ses multiples récidives[3], avaient préféré la séparer de sa fille pour la sevrer[4] des drogues.

Wanda ne s'appelait pas Wanda mais Magali. Un prénom stupide qu'elle haïssait. Sans doute parce que personne ne l'avait prononcé avec amour. Déjà, elle se faisait désigner autrement. Comment, ces années-là ? Wendy ? Oui. Wendy, telle l'héroïne de *Peter Pan*. Un chemin vers Wanda, déjà...

Elle refusait son nom autant que sa famille. Les deux lui semblaient une erreur. Très jeune, elle s'était sentie victime d'une confusion d'identité, on avait dû se tromper à la maternité[5] : elle s'estimait destinée à la richesse et à la réussite, or on l'avait reléguée[6] dans une cage à lapins au bord d'une route nationale, chez une femme pauvre, droguée, sale, indifférente. La colère due à un sentiment d'injustice fondait son caractère. Tout ce qu'elle aurait à vivre dans le futur relèverait de la vengeance[7], du redressement

---

1 la mouise: *fam.* la misère
2 l'orphelin/-ine: un/e enfant dont les parents sont morts
3 la récidive: Rückfall
4 sevrer qn de qc: déshabituer/priver qn de qc
5 la maternité: hôpital où naissent les bébés
6 reléguer qn: exiler qn, renvoyer qn
7 la vengeance: Rache

de torts[1] : on lui devait des dommages et intérêts[2] pour ce démarrage[3] cafouilleux[4].

Wanda avait compris qu'elle se débrouillerait seule. Elle n'imaginait pas son avenir avec précision mais elle savait qu'elle ne compterait pas sur les diplômes, ses chances étant handicapées par des études chaotiques, d'autant que, sitôt[5] placée en maison de redressement[6] après ses larcins[7] dans les magasins, elle n'avait plus rencontré que des professeurs davantage soucieux d'autorité que de contenus pédagogiques, des enseignants spécialisés qui devaient éduquer leurs élèves avant de les instruire. Wanda pensait donc qu'elle ne s'en sortirait que par les hommes. Elle leur plaisait. C'était manifeste. Et ça lui plaisait de leur plaire.

Dès qu'elle pouvait, elle s'échappait de l'institut pour se rendre en vélo à la plage. Ouverte, curieuse, avide[8] de nouer des liens[9], elle était parvenue à accréditer l'idée qu'elle vivait non loin de là, en compagnie de sa mère. Puisqu'elle était jolie, on l'avait crue, on la traitait en fille du pays.

Elle désirait coucher avec un homme comme d'autres, au même âge, souhaitaient réussir à un examen compliqué : selon elle, c'était le diplôme qui clôturerait[10] son adolescence douloureuse et lui permettrait de se lancer dans la vraie vie. Seulement, elle désirait que l'expérience se réalisât avec un homme, un vrai, pas un garçon de son âge ; déjà ambitieuse,

---

1 le redressement de torts: Wiedergutmachung von Unrecht
2 les dommages et intérêts *m. pl.*: Schadensersatz
3 le démarrage: le début
4 cafouilleux/-euse: *fam.* désordonné/e
5 sitôt: dès que
6 la maison de redressement *m.*: Erziehungsanstalt
7 le larcin: petit vol
8 avide: qui désire qc de tout son cœur
9 nouer des liens *m. pl.*: *lit.* faire des connaissances *f. pl.*
10 clôturer qc: terminer qc

elle doutait qu'un morveux[1] de quinze ans ait grand-chose à lui apprendre.

Elle étudia le marché des mâles[2] avec le sérieux scrupuleux qu'elle y mettrait sa vie durant[3]. En ce temps-là, sur un territoire de cinq kilomètres, l'un d'eux sortait du rang : Césario.

Wanda avait recueilli[4] les confidences des femmes qui l'élisaient[5] amant accompli[6]. Non seulement Césario, bronzé, sportif, élancé, baladait[7] un physique irréprochable – d'autant plus visible qu'il vivait sur la plage en maillot de bain – mais il adorait les femmes et leur faisait très bien l'amour.

— Il te fait tout, ma petite, tout, comme si tu étais une reine ! Il t'embrasse de partout, il te lèche[8] de partout, il te mordille[9] les oreilles, les fesses, même les orteils[10], il te fait gémir[11] de plaisir, il y passe des heures, il... Ecoute, Wendy, des hommes aussi fous de la femme, c'est simple, il n'y en a pas. Y a que lui. Bon, son seul défaut, c'est qu'il ne s'attache pas. Célibataire dans l'âme. Il n'y en a pas une de nous qui est arrivée à le garder. Remarque, ça nous arrange, on peut tenter notre chance, voire[12], de temps en temps, remettre le couvert[13]. Même quand on est mariées... Ah, Césario...

---

1 le/la morveux/-euse: *fam. pej.* l'adolescent/e
2 le mâle: l'homme, ≠ la femme
3 (sa vie) durant: pendant (sa vie)
4 recueillir qc: collectionner qc
5 élire qn/qc: choisir/sélectionner qn/qc
6 accompli/e: parfait/e
7 balader qc: *ici* montrer qc, exposer qc
8 lécher qc: etw. lecken
9 mordiller qc: mordre qc gentiment (knabbern)
10 l'orteil *m.*: Zehe
11 gémir: stöhnen
12 voire: et même
13 remettre le couvert: *fam.* recommencer

Wanda observa Césario comme si elle avait dû sélectionner une université.

Il lui plaisait. Pas seulement parce que les autres femmes vantaient ses mérites. Il lui plaisait vraiment... Sa peau, lisse[1] et onctueuse[2], du caramel fondu... Ses yeux vert et or, cerclés d'un blanc aussi pur que la nacre d'un coquillage[3]... Ses poils blonds, dorés au contre-jour, telle une aura lumineuse exhalée[4] par son corps... Son torse, fin, découpé[5]... Son cul surtout, ferme, rebondi[6], charnu[7], insolent[8]. En contemplant Césario de dos, Wanda comprit pour la première fois qu'elle était attirée par les fesses des hommes ainsi que le sont les hommes par les seins des femmes : une attirance qui jaillissait[9] de ses entrailles[10], qui lui brûlait le corps. Lorsque le bassin[11] de Césario passait près d'elle, ses mains avaient du mal à se retenir de le toucher, de le palper, de le flatter.

Malheureusement, Césario lui prêtait peu attention.

Wanda l'accompagnait à son bateau, plaisantait avec lui, proposait une boisson, un cornet de glace, un jeu... Il mettait toujours plusieurs secondes à lui répondre, avec une politesse teintée d'agacement[12].

— Tu es bien gentille, Wendy, mais je n'ai pas besoin de toi.

---

1 lisse: doux/douce
2 onctueux/-euse: doux/douce au toucher
3 la nacre d'un coquillage: Perlmutt einer Muschel
4 exhaler: répandre
5 découpé/e: *ici* musclé/e
6 rebondi/e: fest, prall
7 charnu/e: fleischig, (→ la chair)
8 insolent/e: provocant/e
9 jaillir: sortir
10 les entrailles f. pl.: Innere, Eingeweide
11 le bassin: Becken
12 l'agacement m.: Verärgerung, Gereiztheit

Wanda enrageait[1] : s'il n'avait pas besoin d'elle, elle avait besoin de lui ! Plus il opposait de résistance, plus il stimulait son désir : ce serait lui et aucun autre. Elle voulait inaugurer sa vie de femme avec le plus beau, quoiqu'il fût pauvre ;
5 plus tard viendrait le temps de coucher avec des riches au physique disgracieux.

Une nuit, elle lui écrivit une longue lettre d'amour, enflammée, dévouée, chargée d'espoir qui, à la relecture, l'attendrit tant qu'elle ne douta pas d'avoir gagné. Allait-il
10 pouvoir résister à cet obus[2] d'amour ?

Lorsqu'elle se présenta devant lui après qu'il eut reçu le message, il avait un visage sévère et lui demanda, sur un ton froid, de l'accompagner sur le ponton[3]. Ils s'assirent face à la mer, les pieds au ras de l'eau.

15 — Wendy, tu es adorable de m'écrire ce que tu m'écris. Je suis très honoré. Tu m'as l'air d'une bonne personne, très passionnée…

— Je ne te plais pas ? Tu me trouves moche[4], c'est ça !

Il éclata de rire.

20 — Regardez-la, cette tigresse, prête à mordre ! Non, tu es très belle. Trop belle, même. C'est ça le problème. Je ne suis pas un salaud[5].

— Qu'est-ce que ça veut dire ?

— Tu as quinze ans. Ça ne se voit pas, c'est vrai, je sais
25 pourtant que tu n'as que quinze ans. Tu dois attendre…

— Si je ne veux pas attendre…

---

1   enrager: → la rage
2   l'obus *m.*: Feuerwerk, Granate
3   le ponton: Bootsanleger, Schiffsbrücke
4   moche: *fam.* laid/e
5   le salaud: *fam.* Mistkerl

— Si tu ne veux pas attendre, fais ce que tu veux avec qui tu veux. Mais je te conseille d'attendre. Tu ne dois pas faire l'amour n'importe comment, ni avec n'importe qui.

— C'est pour ça que je t'ai choisi !

Etonné par l'ardeur[1] de la jeune fille, Césario la considéra d'un œil nouveau.

— Je suis très remué[2], Wendy, et tu peux être certaine que je te dirais oui si tu étais majeure[3], je te le jure. Ce serait oui, tout de suite. Ou plutôt tu n'aurais pas besoin de demander, c'est moi qui te courrais après. Cependant[4], tant que tu ne l'es pas…

Wanda fondit en larmes, le corps secoué par le chagrin. Timidement, Césario tenta de la consoler, en prenant bien garde de la repousser dès qu'elle tentait d'en tirer profit pour se plaquer[5] sur lui.

Quelques jours plus tard, Wanda revint à la plage fortifiée par l'explication des jours précédents : elle lui plaisait, elle l'aurait !

Elle avait réfléchi à la situation et fixé de gagner sa confiance.

Jouant l'adolescente résolue à son sort, cessant de l'émoustiller[6] ou de le harceler[7], elle l'étudia de nouveau, cette fois sous l'aspect psychologique.

A trente-huit ans, Césario passait pour ce qu'on appelle en Provence un « glandeur » : un beau gars qui vit de rien – du poisson qu'il pêche – et qui ne songe qu'à profiter

---

1 l'ardeur *f*.: la passion, la véhémence
2 remué/e: touché/e
3 majeur/e: avoir (au moins) 18 ans
4 cependant: jedoch
5 se plaquer sur qn: se serrer contre qn
6 émoustiller qn: jdn. aufheitern
7 harceler qn: jdn. bedrängen

du soleil, de l'eau, des filles, sans construire un avenir. Or
c'était faux, Césario avait une passion : il peignait. Dans sa
cabane[1] de bois, entre la plage et la route, s'entassaient[2] des
dizaines de planches[3] – il n'avait pas les moyens de se payer
des toiles enduites[4] –, des pinceaux hors d'âge et des tubes
de couleur. Quoique personne ne le considérât ainsi, à ses
propres yeux Césario était peintre. S'il ne se mariait pas,
s'il ne fondait pas une famille, s'il se contentait de copines
successives, ce n'était pas par dilettantisme – ce que tout
le monde croyait – c'était par sacrifice, pour se consacrer
entièrement à sa vocation[5] d'artiste.

Malheureusement, il suffisait d'un bref coup d'œil pour
se rendre compte que le résultat ne valait pas les efforts
déployés[6] : Césario produisait croûte[7] sur croûte, n'ayant
ni imagination, ni sens des couleurs, ni trait de dessinateur.
Malgré les heures passées à travailler, il ne risquait pas de
s'améliorer car sa passion était accompagnée d'une absence
totale de jugement : il prenait ses qualités pour des défauts et
ses défauts pour des qualités. Sa maladresse[8], il la haussait[9]
à la hauteur d'un style ; l'équilibre spontané qu'il donnait à
ses volumes dans l'espace, il le détruisait sous prétexte que
c'était « trop classique ».

Personne ne prenait au sérieux les créations de Césario, ni
les galeristes, ni les collectionneurs, ni les gens de la plage,
encore moins ses maîtresses. Pour lui, cette indifférence

---

1 la cabane: Hütte
2 s'entasser: être là en grande quantité
3 la planche: Brett
4 la toile enduite: beschichtete Leinwand
5 la vocation: Berufung
6 déployer qc: etw. aufwenden, an den Tag legen
7 la croûte: *ici* le mauvais tableau
8 la maladresse: Ungeschicklichkeit, ≠ l'aisance *f.*, l'habileté *f.*
9 hausser qc: augmenter qc, *ici* valoriser qc

garantissait son génie : il devait poursuivre sa voie jusqu'à la reconnaissance finale, fût-elle posthume.

Wanda comprit cela et décida de l'utiliser. Par la suite, elle conserva cette technique pour séduire les hommes, une méthode qui, maniée à bon escient[1], triomphe à coup sûr : la flatterie[2]. Césario, il ne fallait pas le complimenter sur son physique – il se moquait d'être beau car il le savait et en profitait –, il fallait s'intéresser à son art.

Après avoir dévoré quelques livres empruntés à la bibliothèque de l'institut – histoire de l'art, encyclopédie de la peinture, biographies de peintres –, elle revint bien armée pour discuter avec lui. Rapidement, elle lui confirma ce qu'il pensait en secret : il était un artiste maudit[3] ; pareil à Van Gogh[4], il buterait[5] sur les sarcasmes de ses contemporains et jouirait de la gloire ensuite ; en attendant, il ne devait pas douter une seconde de son génie. Wanda prit l'habitude de lui tenir compagnie quand il barbouillait[6] et devint experte en l'art de délirer de contentement face à ses pâtés[7] de couleur.

Césario était ému aux larmes d'avoir rencontré Wanda. Il ne pouvait plus se passer[8] d'elle. Elle incarnait ce qu'il n'avait osé espérer : l'âme sœur, la confidente, l'imprésario[9], la muse. Chaque jour, il avait davantage besoin d'elle ; chaque jour, il oubliait davantage son jeune âge.

---

1 à bon escient: au bon moment

2 la flatterie: les compliments exagérés

3 maudit/e: méconnu/e

4 Vincent Van Gogh: peintre néerlandais (1853–1890) du post-impressionisme

5 buter sur/contre qn/qc: an/gegen jdn./etw. stoßen

6 barbouiller: vollklecksen, schmieren

7 le pâté: la tache

8 se passer de qn/qc: se priver de qn/qc

9 l'imprésario *m.*: personne qui s'occupe des affaires d'un artiste

Arriva ce qui devait arriver : il tomba amoureux. Wanda s'en rendit compte avant lui et renfila[1] des tenues provocantes.

Elle saisissait dans son regard qu'il souffrait désormais de ne pas la toucher. Par honnêteté, parce qu'il était un brave garçon, il arrivait à se retenir quoique tout son corps et toute son âme eussent envie d'embrasser Wanda.

Elle put donc lui porter le coup de grâce[2].

Pendant trois jours, elle s'abstint[3] de venir, histoire de l'inquiéter et de lui manquer. Le quatrième soir, tard dans la nuit, elle déboula[4] en larmes au cabanon[5].

— C'est horrible, Césario, je suis si malheureuse ! J'ai envie de me suicider.

— Que se passe-t-il ?

— Ma mère a décrété que nous repartions à Paris. Nous ne nous verrons plus.

Les choses se déroulèrent comme prévu : Césario la réconforta[6] dans ses bras ; elle ne se consola pas ; lui non plus ; il proposa de boire une goutte d'alcool pour se reconstituer ; après quelques verres, beaucoup de larmes et autant de frôlements[7], alors qu'il ne pouvait plus se contrôler, ils firent l'amour.

Wanda adora chaque instant de cette nuit. Les filles du pays avaient raison : Césario vénérait[8] le corps féminin.

---

1 renfiler: (re)mettre
2 le coup de grâce: Gnadenstoß
3 s'abstenir de faire qc: ne pas faire qc
4 débouler: courir
5 le cabanon: →la cabane (cf. p. 171, note 1)
6 réconforter qn: redonner de la force morale à qn
7 le frôlement: le contact léger
8 vénérer qn/qc: admirer/adorer qn/qc

Elle eut le sentiment d'être une déesse[1] posée sur un autel[2] quand il l'emporta au lit, puis lorsqu'il lui voua[3] un culte jusqu'au matin.

Naturellement, elle s'enfuit à l'aube et revint le soir, bouleversée, jouant un désespoir identique. Pendant quelques semaines, chaque nuit, Césario déboussolé[4] tentait de consoler l'adolescente qu'il aimait en la tenant à distance puis, après trop d'effleurements[5], d'embrassades ou de sanglots[6] essuyés sur la paupière ou sous la lèvre, il finissait, affolé, par perdre ses principes moraux pour aimer la jeune fille avec l'énergie de sa passion.

Lorsqu'elle eut le sentiment d'avoir acquis un savoir encyclopédique sur les relations entre un homme et une femme au lit – car il finit par lui apprendre aussi ce qui plaisait au mâle –, elle disparut.

Retournée à l'institution, elle ne donna plus de nouvelles, perfectionna l'art de la volupté en compagnie de quelques hommes nouveaux, puis apprit avec bonheur que sa mère avait succombé[7] d'une overdose.

Libre, elle s'enfuit à Paris, plongea dans le monde de la nuit et entama[8] son ascension[9] sociale en s'appuyant sur le sexe masculin.

➥ *voir Sujets d'étude C, p. 180*

---

1 la déesse: → le dieu
2 l'autel *m*.: Altar
3 vouer qc à qn: consacrer qc à qn
4 déboussolé/e: aus dem Gleichgewicht gebracht,
   → la boussole: Kompass
5 l'effleurement *m*.: la caresse légère, le contact léger
6 le sanglot: Schluchzer
7 succomber: mourir
8 entamer qc: commencer, entreprendre qc
9 l'ascension *f*.: Aufstieg

— On repart au bateau ou on loue des matelas[1] sur cette plage ? Wanda... Wanda ! Tu m'écoutes ? On repart au bateau ou tu préfères prendre des matelas sur la plage ?

Wanda rouvre les yeux, toise[2] Lorenzo déconcerté[3] par cette absence, et claironne[4] :

— Si nous allions voir les tableaux de l'artiste local ?

— Allons, ça doit être horrible, s'exclame Guido Farinelli.

— Pourquoi pas ? Ça peut être très drôle ! assure aussitôt Lorenzo qui ne manque pas une occasion de prouver sa servilité à Wanda.

La troupe de milliardaires convient que ce sera une expédition amusante et suit Wanda qui aborde[5] Césario.

— C'est vous qui nous avez proposé de visiter votre atelier ?

— Oui, madame.

— Eh bien, pouvons-nous en profiter maintenant ?

Le vieux Césario met quelques secondes à réagir. Habitué à être rabroué[6], il s'étonne qu'on s'adresse à lui avec courtoisie[7].

Pendant que le restaurateur tire le vieillard par le bras pour lui expliquer qui est la célèbre Wanda Winnipeg et quel honneur elle lui accorde, Wanda constate les ravages[8] du temps sur celui qui a été le plus bel homme de la plage. Le cheveu rare et gris, il souffre d'avoir trop reçu le soleil qui, d'année en année, a usé et transformé la peau ferme en un

---

1 le matelas: Matratze
2 toiser qc: regarder qc avec mépris
3 déconcerter qn: troubler qn, inquiéter qn
4 claironner: schmettern, herausposaunen
5 aborder qn/qc: s'approcher de qn/qc
6 rabrouer qn: s'adresser brusquement à qn
7 la courtoisie: la politesse
8 les ravages *m. pl.*: *ici* les changements *m. pl.* physiques

cuir flasque[1], taché[2], grené[3] aux coudes et aux genoux. Son corps tassé[4], épaissi[5], sans taille, n'a plus aucun rapport avec l'athlète glorieux d'autrefois. Seuls ses iris ont conservé leur teinte[6] rare d'huître[7] verte, à cette différence qu'ils brillent moins.

Alors que Wanda n'a pas beaucoup changé, elle ne craint pas qu'il la reconnaisse. Blondie, protégée par ses lunettes, sa voix creusée[8] dans le grave, son accent russe et surtout sa fortune, elle déjoue[9] toute tentative d'identification.

En pénétrant la première dans le cabanon, elle s'exclame immédiatement :

— C'est magnifique !

En une minute, elle prend le groupe de vitesse : ils n'auront pas le temps de voir les croûtes avec leurs propres yeux, ils les verront à travers les siens. S'emparant de chaque peinture, elle trouve à s'étonner, à s'émerveiller. Pendant une demi-heure, la taciturne[10] Wanda Winnipeg devient enthousiaste, bavarde, lyrique comme on ne l'a guère[11] vue. Lorenzo n'en croit pas ses oreilles.

Le plus éberlué[12] demeure Césario. Muet, hagard[13], il se demande si la scène qu'il vit se produit vraiment ; il attend

---

  1 flasque: mou/molle
  2 taché/e: plein/e de taches
  3 grené/e: schrumpelig
  4 tassé/e: courbé/e
  5 épaissir: *ici* grossir
  6 la teinte: la couleur
  7 l'huître *f.*: Auster
  8 la voix creusée: la voix profonde
  9 déjouer qc: empêcher/éviter qc
 10 taciturne: qui parle peu
 11 ne… guère: kaum
 12 éberlué/e: étonné/e
 13 hagard/e: verstört

le rire cruel ou la réflexion sarcastique lui confirmant qu'on se moque de lui.

Les exclamations fusent[1] désormais[2] des richards[3], l'admiration de Wanda se montrant contagieuse[4].

— C'est vrai que c'est original…

— Ça paraît maladroit alors que c'est furieusement maîtrisé[5].

— Le Douanier Rousseau[6] ou Van Gogh ou Rodin[7] devaient donner cette impression à leurs contemporains, certifie Wanda. Allons, maintenant, ne dilapidons[8] pas le temps de monsieur : combien ?

— Pardon ?

— Combien pour ce tableau ? Je rêve de le mettre dans mon appartement de New York, en face de mon lit pour être exacte. Combien ?

— Je ne sais pas… cent ?

En prononçant ce chiffre, Césario le regrette immédiatement : il réclame trop, son espoir va s'effondrer[9].

Cent dollars pour Wanda, c'est le pourboire qu'elle glissera demain au concierge de l'hôtel. Pour lui, c'est de quoi rembourser ses dettes au marchand de couleurs.

— Cent mille dollars ? reprend Wanda. Ça me paraît raisonnable. Je prends.

---

1 fuser: (hervor)sprudeln
2 désormais: à partir de ce moment-là
3 le richard: *fam.* une personne riche
4 contagieux/-euse: ansteckend
5 maîtrisé/e: *ici* talentueux/-euse
6 Henri Rousseau dit «Le Douanier» (1844–1910), peintre français
7 Auguste Rodin: sculpteur et peintre français très célèbre (1840–1917)
8 dilapider qc: *ici* perdre qc
9 s'effondrer: disparaître

Césario a les oreilles qui bourdonnent[1] ; au bord de l'apoplexie[2], il se demande s'il a bien entendu.

— Et celui-ci, vous me le feriez au même prix ? Il mettrait tant en valeur mon grand mur blanc, à Marbella… Oh, s'il vous plaît…

Machinalement, il approuve de la tête.

Le vaniteux Guido Farinelli, sachant Wanda réputée pour son génie des bonnes affaires et soucieux de ne pas demeurer en reste sur la dépense, jette son dévolu[3] sur une autre croûte. Lorsqu'il tente d'en discuter le montant[4], Wanda l'arrête :

— Mon cher Guido, je vous en prie, on ne mégote[5] pas le prix quand on est en face d'un talent pareil. C'est si facile et si vulgaire d'avoir de l'argent, alors que posséder du talent… ce talent…

Elle se tourne vers Césario.

— C'est un destin ! Une charge ! Une mission. Cela justifie toutes les misères d'une vie.

Sonnant l'heure du rappel, elle dépose les chèques, précise que son chauffeur viendra chercher les toiles ce soir et laisse Césario hébété[6], une bave blanche[7] au bord des lèvres. La scène dont il a rêvé sa vie durant s'est produite, et voilà qu'il ne trouve rien à répondre, il parvient juste à ne pas s'évanouir[8]. Il a envie de pleurer, il voudrait retenir

---

1   bourdonner: sausen (Ohren)
2   l'apoplexie *f.*: l'attaque cérébrale (Schlaganfall)
3   jeter son dévolu sur qc: choisir / décider d'obtenir qc
4   le montant: le prix
5   mégoter qc: *fam.* um etw. feilschen
6   hébété/e: wie betäubt
7   la bave blanche: weißer Schaum
8   s'evanouir: perdre connaissance

cette belle femme, lui dire combien il a été dur de traverser quatre-vingts années sans une once d'attention[1] ou de considération, il voudrait lui avouer[2] les heures que, seul, la nuit, il a passées à pleurer en se disant qu'au fond, il n'était
5 peut-être qu'un minable[3]. Grâce à elle, il est lavé de ses misères, de ses doutes, il peut croire enfin que son courage n'a pas été inutile, qu'il ne s'est pas entêté[4] en vain[5].

Elle lui tend la main.

– Bravo, monsieur, je suis très fière de vous avoir connu.

➦ *voir Sujets d'étude D, p. 181*

---

1 sans une once de qc: *loc.* ohne einen Funken von etw.
2 avouer qc à qn: confesser qc à qn
3 le/la minable: *fam.* Niete, Null
4 s'entêter de faire qc: darauf beharren etw. zu tun
5 en vain: sans résultat

Sujets d'étude

A. Page 154, l. 1 – page 161, l. 18

1. Décrivez l'arrivée de Wanda Winnipeg à l'hôtel
   « Royal Emeraude ».
2. Qu'est-ce que vous apprenez sur le personnage
   principal
   a) concernant sa vie actuelle,
   b) concernant son passé ?
3. Faites le portrait de Wanda Winnipeg.

B. Page 161, l. 19 – page 164, l. 24

1. Décrivez les vacances de Wanda Winnipeg sur
   la Côte d'Azur.
2. Exposez les réactions et les sentiments de Wanda
   à l'arrivée du vieillard.
3. Relevez les informations sur le passé de Wanda
   et ajoutez-les à celles déjà trouvées dans la
   première partie du texte (cf. A, ex. 2b).
4. Selon vous, quel rôle le vieillard a-t-il joué dans
   la vie de Wanda ?

C. Page 165, l. 1 – page 174, l. 22

1. Wanda retourne dans son passé. Présentez les
   conditions de vie dans ce passé.
2. Faites le portrait de Césario.
3. Comment est-ce que Wanda/Wendy séduit
   Césario ? Dégagez les étapes de sa tactique.
4. Jugez le comportement de Wanda envers Césario.
5. Imaginez la suite de l'histoire. Esquissez un
   dénouement de la nouvelle.

D. Page 175, l. 1 – page 179, l. 9

1. Résumez cette partie du texte.
2. Dégagez les actions de Wanda.
3. Expliquez en quoi elle reste fidèle à sa personnalité.
4. Pourquoi Wanda agit-elle de cette manière ? Discutez ses motivations.

Après la lecture

1. Comment le narrateur présente-t-il le personnage de Wanda au lecteur ? Analysez les techniques narratives en tenant compte de la perspective narrative et de la structure de la nouvelle.
2. Césario : la nouvelle star ?
   a) Écrivez un article de presse sur l'exposition de Césario au Musée d'art moderne à New York.
   b) Imaginez la suite de l'histoire.

Tahar Ben Jelloun
Un fait divers et d'amour

Voici un fait divers[1]. Pas banal, certes[2]. Incroyable même, mais authentique[3]. C'est arrivé au mois de novembre 1980 à Casablanca. L'histoire de Slimane est celle d'un paradoxe[4] :

Ils étaient nombreux à attendre ce soir-là un taxi dans le froid et le désordre. Elle aussi attendait. Confiante[5], les mains jointes[6] sur le ventre. On ne bouscule[7] pas une femme enceinte[8]. On la respecte et on l'aide. Elle venait d'arriver, mais le prochain taxi serait pour elle.

Slimane est un homme paisible[9]. Il déteste la violence et évite la cohue[10]. Il avait failli[11] une fois être lynché par une foule[12] impatiente et en colère. Son « petit taxi », une Simca 1000 rouge, était tout cabossé[13] après la bagarre[14]. Depuis, il se méfiait[15]. Il ne s'arrêtait plus aux stations, mais préférait prendre des clients au hasard.

---

1 le fait divers: une petite information dans un journal
2 certes: certainement, sûrement
3 authentique: vrai/e
4 le paradoxe: l'absurdité *f.*
5 confiant/e: qui a confiance
6 les mains *f. pl.* jointes: mit gefalteten Händen
7 bousculer qn: jdn. (an)stoßen, schubsen
8 enceinte *f.*: schwanger
9 paisible: calme, tranquille
10 la cohue: la foule, trop de gens
11 faillir être lynché/e: fast gelyncht werden
12 la foule: un grand nombre de gens
13 cabosser qc: etw. verbeulen
14 la bagarre: Prügelei
15 se méfier de qn/qc: ≠ avoir confiance en qn/qc, se confier en qn/qc

Un fait divers et d'amour **183**

Ce soir, en rentrant chez lui, il passa sans s'arrêter devant la station. Il aperçut[1] la femme enceinte, il fit alors marche arrière[2] et s'arrêta juste à son niveau. Personne n'osa protester. La femme était encore jeune. Elle n'était apparemment[3] pas de cette ville. Elle avait l'air un peu perdue. Slimane lui demanda si « l'heureux événement » était « pour bientôt ».

— Le mois prochain, lui répondit-elle. En tout cas, n'ayez aucune crainte, je n'accoucherai[4] pas dans votre voiture !

Il sourit et ne dit plus rien. Arrivé à Derb Ghellef[5], au niveau du numéro 24 bis, il s'arrêta et descendit ouvrir la portière[6]. La femme le pria d'attendre un peu, le temps d'aller chercher chez sa sœur l'argent de la course[7]. Slimane attendit en fumant une cigarette. Cinq minutes plus tard, la femme revint, en larmes :

— Ô mon Dieu ! Qu'est-ce que je vais devenir ? Il n'y a personne chez ma sœur ; elle a dû partir en voyage, même les voisins ne sont pas là… Comment faire pour vous payer, et où irai-je avec mon enfant, ô mon Dieu !… Je ne suis qu'une étrangère… Je ne connais personne ici…

Slimane était bouleversé. Il se moquait[8] bien du prix de la course. Il ne pouvait laisser cette pauvre femme seule, dans cet état de désespoir[9].

— Madame, je ne vais pas vous laisser dans cette situation. Nous devons nous entraider[10], entre musulmans.

---

1 apercevoir qn: remarquer qn
2 faire marche arrière: zurücksetzen
3 apparemment: visiblement, de toute évidence
4 accoucher: mettre un enfant au monde
5 Derb Ghellef: un quartier de Casablanca
6 la portière: la porte d'une voiture
7 la course: *ici* le tour en taxi
8 se moquer de qn/qc: *ici* ne pas se soucier de qc
9 le désespoir: ≠ l'espoir *m.*, → éspérer
10 s'entraider: s'aider l'un l'autre

Je vous invite à venir chez moi pour cette nuit en attendant
le retour de votre sœur. Ma femme sera ravie[1] et puis les
trois enfants seront contents d'avoir de la visite. C'est petit
chez nous, mais il y a toujours de la place pour les gens de
bien…   5

— Non monsieur, vous êtes très bon. Jamais je n'oserais
vous déranger, et puis votre femme ne comprendrait pas…

— Ma femme est merveilleuse. Elle m'a donné trois
beaux enfants, une fille et deux garçons, et beaucoup de
bonheur… Elle est très bonne, ma femme.   10

Slimane insista encore. La femme accepta. A la maison,
tout se passa très bien. Les enfants étaient excités[2]. Ils lui
cédèrent[3] leur chambre. L'épouse[4] de Slimane était très
gentille et prodigua[5] des conseils à la future maman. Elles
cherchèrent ensemble des prénoms, bavardèrent tard dans   15
la nuit.

Slimane était manifestement[6] fier de sa bonne action et
de son épouse. Il se leva tôt le matin. La femme enceinte était
déjà debout[7]. Reposée[8], détendue[9], elle était à l'aise[10] comme
si elle faisait partie de la famille. Slimane lui souhaita une   20
bonne journée et lui proposa de l'emmener chez sa sœur.
Elle parut ne pas bien comprendre ce qu'il lui disait. Il lui
répéta sa proposition :

---

1 ravi/e: très content/e
2 excité/e: agité/e
3 céder qc à qn: laisser qc à qn, renoncer à qc
4 l'époux/-se: le mari / la femme
5 prodiguer qc: donner qc en grande quantité
6 manifestement: visiblement, de toute évidence
7 être debout: stehen, aufgestanden sein
8 reposé/e: *ici* en pleine forme après avoir bien dormi
9 détendu/e: calme, décontracté/e, relâché/e
10 être à l'aise *f.*: se sentir bien

Un fait divers et d'amour **185**

— Je pourrai vous déposer[1], si vous voulez, chez votre sœur. Elle doit s'inquiéter[2] peut-être…

— Chez ma sœur ? Mais quelle sœur ? Je n'ai pas de sœur, tu le sais bien… Et puis tu oublies qu'ici je suis chez moi, et que cet enfant que je porte est le tien !…

Slimane poussa un cri de stupeur[3] et appela sa femme :

— Nous sommes trop bons ! Je te l'ai toujours dit ! Trop bons. C'est incroyable. Elle veut nous avoir[4], cette bonne femme. Elle prétend[5] qu'elle est chez elle et que je suis le père de son enfant… Elle est folle… De toute façon, moi, je ne discute pas avec elle. J'ai confiance en la justice de mon pays. J'appelle la police.

Son épouse l'encouragea à le faire. L'invitée riait aux éclats[6] et traitait déjà l'épouse de Slimane comme une domestique[7] :

— Apporte-moi le petit déjeuner. Viens que je te fasse des confidences[8]. Slimane, l'homme discret et silencieux, l'homme qui ne rate aucune prière[9], cet homme est un grand séducteur[10] ! Tu vois ce bracelet en or[11], c'est un cadeau du mois dernier, et ce collier de corail[12], c'est le jour où j'ai accepté de me donner à lui… C'est curieux, nous avons les mêmes foulards[13] ! Quelle indélicatesse[14] de sa part !…

---

1   déposer qn: jdn. absetzen
2   s'inquiéter: se faire du souci
3   la stupeur: l'étonnement *m.*, la surprise
4   avoir qn: *fam.* jdn. reinlegen
5   prétendre qc: etw. behaupten
6   rire aux éclats *m. pl.*: rire très fort
7   le/la domestique: le/la servant/e
8   faire des confidences *f. pl.* à qn: jdm. im Vertrauen etw. mitteilen
9   la prière: Gebet
10 le/la séducteur/-trice: Verführer/in
11 le bracelet en or *m.*: Goldarmband
12 le collier de corail *m.*: Korallenkette
13 le foulard: le voile (Kopftuch)
14 l'indélicatesse *f.*: Taktlosigkeit

— Tais-toi. Je n'ai rien à te dire.

L'affaire prit vite un tour[1] sérieux. La justice fut saisie[2]. Le juge[3] décida, avant d'étudier l'affaire dans le détail, de constituer un dossier médical pour chacun des plaignants[4]. Des analyses furent faites : les urines, le sang[5] et aussi le sperme de Slimane. Elles ne prouveraient[6] pas grand-chose. C'était une formalité. Et ce qu'on découvrit allait pourtant bouleverser cette histoire. Les médecins étaient formels : Slimane ne pouvait être le père de cet enfant à venir. Il était stérile. Il l'avait toujours été.

Ce coup de théâtre[7] foudroya[8] Slimane. Il se mit[9] à boire. Il vivait et dormait dans son taxi. Son épouse fit la grève de la faim et révéla[10] au juge le nom du père de ses enfants. C'était le propriétaire[11] de leur maison. Elle essaya d'expliquer à qui voulait bien l'écouter[12] qu'elle n'avait jamais trompé[13] son mari et que c'était par amour pour lui qu'elle s'était fait faire ces enfants. Comme elle le dit : « Un homme n'est jamais stérile. C'est toujours la faute de la femme ! »

---

1   le tour: *hier* Wendung
2   saisir qn/qc: *hier* jdn./etw. hinzuziehen
3   le/la juge: Richter/in
4   le/la plaignant/e: personne qui porte plainte (en justice)
5   le sang: Blut
6   prouver qc: etw. beweisen
7   le coup de théâtre: brusque changement imprévu
8   foudroyer qn: jdn. wie ein Blitz treffen
9   se mettre à faire qc: commencer à faire qc
10 révéler qc: faire savoir qc
11 le/la propriétaire: Besitzer
12 à qui voulait bien l'écouter: *etwa* jedem, der ihr nur zuhörte
13 tromper qn: jdn. betrügen

Sujets d'étude

1. Exposez brièvement le problème dont il est question dans le texte.
2. En tenant aussi compte de la dernière phrase, étudiez l'image de la femme musulmane arabe telle qu'elle se présente dans cette nouvelle.
3. Examinez de plus près l'évolution psychologique de Slimane.
4. Jugez la réaction de Slimane après avoir appris la vérité sur « ses » enfants.
5. La femme de Slimane explique à une amie que « c'était par amour pour lui [son mari] qu'elle s'était fait faire ces enfants » (p. 186, ll. 16 – 17). Imaginez le dialogue.

Tahar Ben Jelloun
L'amour fou

Cette histoire est une fiction. Je l'ai imaginée un jour que je me trouvais sur la terrasse du Mirage, au-dessus des grottes d'Hercule[1] à Tanger. Mon ami A. m'avait prêté un bungalow pour prendre un peu de repos[2] et éventuellement écrire. Face à l'immense étendue[3] d'une plage où viennent s'échouer[4] des vagues de l'océan Atlantique, dans ce désert de sable et d'écume[5] un palais a été construit en quelques mois. Je ne sais pas à qui il appartient. Les gens disent que c'est la cabine de bain d'un prince lointain[6] amoureux de la mer et du silence de cette région. D'autres l'attribuent à un armateur[7] grec qui, ne supportant plus la mer Méditerranée, a choisi cet endroit pour finir ses jours et surtout pour échapper à la justice de son pays.

Ici la mer est bleue. La mer est verte. Sa chevelure[8] est blanche. En face, la cabine de bain du prince ou de l'armateur a pris les teintes[9] du sable. Ce n'est pas hideux[10]. C'est incongru[11], comme cette histoire que j'ai inventée un soir en écoutant une chanteuse à la radio.

---

1 les grottes *f. pl.* d'Hercule: des grottes situées près de Tanger
2 le repos: la pause
3 l'étendue *f.*: la largeur
4 s'échouer: être jeté/e à la côte
5 l'écume *f.*: Gischt
6 lointain/e: *ici* d'un pays qui est très loin
7 l'armateur *m.*: Reeder
8 la chevelure: les cheveux *m. pl.*, *ici* la surface de la mer
9 la teinte: la couleur
10 hideux/-euse: affreux/-euse, laid/e
11 incongru/e: déplacé/e

L'amour fou **189**

La rumeur[1] l'a attribuée[2] à une chanteuse ou à une danseuse qui a vraiment existé. Je n'ai pas cherché à vérifier. Les gens adorent raconter et se raconter des histoires. Celle-là en est une parmi d'autres.

5 Que personne n'aille s'identifier à l'un des personnages. Toute fiction est un vol[3] de la réalité et il lui arrive d'y retourner et de s'y confondre. Un journal du Proche-Orient a parlé dernièrement d'une actrice égyptienne qui aurait disparu. Un autre magazine a suggéré que ladite[4] comédienne aurait 10 tout inventé pour qu'on parle d'elle.

Cette histoire est arrivée il y a quelques années, à l'époque où le pays ouvrait généreusement ses portes à des visiteurs d'un type particulier, des hommes qui se déplaçaient du fin fond[5] du désert d'Arabie pour s'offrir quelques nuits 15 de luxure[6]. Des nuits blanches[7] où les vapeurs[8] d'alcool enrobaient[9] les regards vitreux[10] d'hommes qui avaient l'habitude de caresser leur ventre proéminent[11] ou lissaient[12] leur barbichette[13] clairsemée[14] sur un visage bruni par la lassitude[15]. Ils n'aimaient pas s'asseoir mais laissaient leur 20 corps se lover[16] entre de grands coussins recouverts de satin.

---

1 la rumeur: le bruit qui court, la nouvelle qui se répand
2 attribuer qc à qn: jdm. etw. zuschreiben
3 le vol: *hier* Anleihe
4 ledit/ladite: la personne/chose dont on vient de parler
5 le fin fond de qc: la partie la plus éloignée
6 la luxure: le désir sexuel, la volupté, la sensualité
7 la nuit blanche: une nuit pendant laquelle on ne dort pas
8 la vapeur: *hier* Dunstschwaden
9 enrober qn/qc: jdn./etw. einhüllen
10 vitreux/-euse: glasig
11 proéminent/e: vorstehend
12 lisser qc: etw. glatt streichen
13 la barbichette: petite barbe au menton
14 clairsemé/e: spärlich
15 la lassitude: la fatigue
16 se lover: s'enrouler

Ils dédaignaient[1] les canapés de cuir[2], certains posaient leur séant[3] sur le bord puis glissaient[4] jusqu'à se retrouver à même[5] les tapis de laine[6] épaisse[7]. Ils prenaient leurs aises[8], commandaient sans parler, juste en faisant des signes de la main ou des yeux. Les serviteurs connaissaient le sens de chaque signe, ce n'était pas compliqué : le pouce levé vers la bouche pour demander à boire ; la main ouverte balayant[9] l'espace d'un mouvement bref[10] pour demander aux musiciens de commencer ; le même geste mais en sens contraire pour arrêter la musique, le doigt tendu[11] en direction des coulisses pour faire entrer les danseuses, l'œil se tournant vers une porte dérobée[12] pour réclamer la chanteuse, etc.

Quand ils parlaient, ils murmuraient entre eux des choses incompréhensibles. Ils utilisaient un dialecte propre à certaines tribus[13] de bédouins. Ni les serviteurs ni les musiciens ne devaient comprendre. Ils avaient un code à eux. Mais tout le monde sentait, derrière ces mots, l'arrogance, le mépris[14] et un désir d'humiliation[15] gratuit[16].

Les serviteurs exécutaient leur tâche[17] en silence. Ils savaient

---

1	dédaigner qn/qc: mépriser qn/qc, ≠ respecter qn/qc
2	le canapé de cuir *m.*: Ledersofa
3	le séant: le derrière
4	glisser: gleiten, rutschen
5	à même: directement sur
6	le tapis de laine *f.*: Wollteppich
7	épais/se: dick
8	prendre son aise *f.*: s'installer de façon peu discrète
9	balayer l'espace *m.* d'un mouvement: faire un mouvement
10	bref/brève: court/e, vite
11	tendre qc: etw. ausstrecken
12	la porte dérobée: une porte qui permet de passer sans être vu/e
13	la tribu: le groupe, le clan
14	le mépris: ≠ le respect
15	l'humiliation *f.*: Demütigung
16	gratuit/e: *ici* sans raison *f.*
17	la tâche: le devoir, le travail

qu'ils avaient affaire à des gens particuliers[1]. Pour eux c'était un travail comme un autre, sauf que l'exigence[2] de ces bédouins vite enrichis était insupportable. Les verres devaient être remplis tout le temps. Les glaçons[3] devaient être ronds et pas carrés. Certains les voulaient en forme de cœur. Les olives dénoyautées[4] devaient venir d'Espagne, dans des boîtes métalliques. Le fromage devait être importé de France ou, mieux encore, de Hollande. Ils n'aimaient pas le pain traditionnel, ils préféraient les galettes[5] libanaises. Les garçons connaissaient ces caprices[6] et les respectaient.

Aimaient-ils la musique ou seulement le corps des danseuses ? Préféraient-ils par-dessus tout la voix de Sakina ? Sakina était une grande chanteuse. De famille modeste, elle se produisait rarement dans ce genre de soirée. Son père l'accompagnait toujours. Instituteur en retraite, il faisait partie de l'orchestre et jouait de la flûte. Ses solos faisaient pousser des cris[7] de nostalgie à ces hommes vautrés[8] sur les coussins en train de boire le whisky comme si c'était de la citronnade[9]. Ils hurlaient « Allah ! » et « O ma nuit ! O ma vie ! ». Dès que Sakina apparaissait, ils posaient leur verre et lui envoyaient des baisers[10] en soufflant[11] sur la paume[12] de leur main.

1 particulier/-ière: spécial/e, étrange
2 l'exigence *f.*: Anspruch, Forderung
3 le glaçon: le morceau de glace *f.*
4 dénoyauter qc: etw. entsteinen/entkernen (le noyau: der Kern)
5 la galette: flacher Kuchen aus Blätterteig
6 le caprice: Laune
7 pousser des cris *m. pl.*: Schreie ausstoßen
8 vautré/e: étendu/e, couché/e
9 la citronnade: de l'eau *f.* au goût de citron *m.*
10 le baiser: Kuss
11 souffler: pusten
12 la paume: l'intérieur *m.* de la main

Grande, Sakina souffrait d'un léger strabisme[1], ce qui la rendait plus attirante encore. Sa longue chevelure noire tombait jusqu'aux reins[2], elle en jouait un peu quand elle se penchait[3] pour suivre les glissements[4] de la voix. Les caftans qu'elle portait étaient fins et mettaient sa poitrine[5] en valeur[6]. Pudique[7], elle ne laissait rien voir et ne regardait jamais son public. Quand elle chantait, on eût[8] dit qu'elle partait vers un autre monde, les yeux levés au ciel, les bras tendus vers l'inconnu. Cette attitude séduisait[9] beaucoup les hommes qui payaient cher pour l'écouter. Sa voix rappelait celle d'Ismahane[10] et d'Oum Kalthoum[11]. Elle avait ces deux registres, ce qui en faisait une chanteuse exceptionnelle. Pour elle, c'était un don[12] de Dieu. Croyante[13], elle faisait ses prières quotidiennes, ne buvait pas d'alcool et se maquillait[14] à peine[15].

Certains l'appelaient Lalla[16] Sakina, comme si elle était porteuse de sainteté[17]. Ses admirateurs appréciaient chez

---

1 le strabisme: Silberblick
2 les reins *m. pl.*: la partie inférieure du dos
3 se pencher: sich nach vorne neigen
4 le glissement: *mus.* Glissando
5 la poitrine: Brust
6 mettre en valeur *f.*: zur Geltung bringen
7 pudique: sittsam, züchtig
8 on eût dit: on aurait dit (*subj. passé*)
9 séduire qn: jdn. verführen/bezaubern
10 Ismahane (ou Asmahan): chanteuse syro-égyptienne (1918–1944)
11 Oum Kalthoum: grande chanteuse égyptienne (1904–1975)
12 le don: *ici* le cadeau
13 croyant/e: qui croit en Dieu
14 se maquiller: sich schminken
15 à peine: presque pas
16 Lalla: ce nom d'origine berbère signifiant en français « Madame » est un titre donné aux femmes importantes en Afrique du Nord
17 comme si elle était porteuse *f.* de sainteté *f.*: als trüge sie etwas Heiliges in sich

elle cette retenue[1], cette timidité qui la distinguaient
de n'importe quelle autre chanteuse arabe. La presse la
respectait. Elle ne défrayait jamais la chronique[2]. On avait
peu d'informations sur sa vie privée. On savait qu'elle n'était
pas mariée et qu'elle refusait[3] de parler de sa famille ou de
ses projets comme font, en général, les stars de la chanson
ou de l'écran.

Belle et sereine[4], Sakina intimidait[5] tous ceux qui
essayaient de la séduire, repoussant[6] avec élégance et
fermeté[7] leurs avances[8].

Ce soir-là, elle était habillée de blanc et de bleu. Elle
portait peu de bijoux[9] et, comme Oum Kalthoum, tenait à la
main droite un foulard blanc. Elle n'avait chanté qu'une seule
chanson. *Les Mille et Une Nuits*. Elle avait repris plusieurs
fois le même refrain en changeant la voix et le rythme.
Les bédouins, déjà ivres[10], criaient et lui demandaient de
reprendre le dernier passage. Elle le faisait avec grâce[11]. La
chanson parlait de verres vides, de verres pleins, d'ivresse[12],
d'étoiles descendues sur terre, et de nuits longues, tissées[13] de
rêves. Elle permettait aux imaginations d'errer à l'infini[14].

Les gestes de Sakina étaient rares et mesurés. Son corps
bougeait un peu. Mais tout était dans la voix. Tout érotisme

1   la retenue: la discrétion
2   défrayer la chronique: von sich reden machen
3   refuser de faire qc: ne pas accepter de faire qc, ne pas faire qc
4   serein/e: calme et joyeux/-euse
5   intimider qn: → timide
6   repousser qn/qc: s'opposer à qn/qc
7   la fermeté: Bestimmtheit
8   les avances *f. pl.*: Annäherungsversuche
9   les bijoux *m. pl.*: Schmuck
10   ivre: betrunken
11   la grâce: le charme, l'élégance *f.*
12   l'ivresse *n. f.*: → ivre (cf. note 10)
13   tisser qc: etw. weben
14   errer à l'infini *m.*: endlos schweifen

laissé à l'imagination, les bédouins ne savaient plus se tenir. Certains criaient comme s'ils jouissaient[1]. Il y avait quelque chose d'indécent[2] et en même temps de provocant. Sakina affichait[3] comme d'habitude une belle indifférence. Elle savait devant qui elle chantait.   5

La chanson avait duré plus d'une heure. Sakina était fatiguée. Après avoir salué l'assistance[4], elle s'était retirée[5] dans sa loge où son père l'avait rejointe[6]. Elle se démaquillait[7] lorsqu'on frappa à la porte.

Elle ouvrit. Un des serveurs lui présenta un grand bouquet[8]   10
de fleurs sous cellophane. Elle apercevait à peine la tête de l'homme qui lui dit « De la part du cheikh[9] ». Sakina retint le garçon et lui demanda, sur le ton de la confidence[10] :

— C'est qui ? C'est lequel ?

— Le plus laid et le plus riche… le petit bedonnant[11]   15
avec barbichette. Il paraît qu'il est prince. On dit qu'il est analphabète mais généreux… Ne t'amuse pas à faire la fière. Il est méchant et puissant[12]. Adieu, Lalla Sakina !

Quelques instants plus tard, le même garçon revint.

— Il te demande de le rejoindre au salon. Ne crains   20
rien. Il n'est pas seul. Je pense qu'il veut juste te faire des compliments. Sois raisonnable ! Attention, ce sont des gens

---

  1 jouir: *ici* avoir un orgasme
  2 indécent/e: ≠ pudique
  3 afficher qc: montrer qc publiquement
  4 l'assistance *f.*: *ici* le public
  5 se retirer: *ici* retourner
  6 rejoindre qn: retrouver qn
  7 se démaquiller: ≠ se maquiller
  8 le bouquet: Strauß
  9 le cheikh (ou cheik): Scheich
 10 sur le ton de la confidence: in vertraulichem Ton
 11 le/la bedonnant/e: *fam.* personne au gros ventre
 12 puissant/e: mächtig

capables de tout. Rien ne les arrête. L'argent du pétrole leur donne tous les droits.

En se rendant au salon, elle croisa[1] son père, qui avait l'air fatigué et contrarié[2]. Il lui dit :

5 — Réfléchis. J'ai confiance en toi. Quel métier ! Que ne faut-il pas faire pour vivre par ces temps de crise !

Sakina portait une robe noire modeste, un petit collier[3] de fausses perles. Elle s'avança et esquissa[4] une sorte de révérence[5] pour saluer le cheikh entouré[6] de sa suite[7] et de
10 ses amis. Dans une main un grand verre de whisky, dans l'autre un chapelet[8]. Sans bouger il fit signe à Sakina de s'approcher et lui dit :

— Tu chantes bien, ma fille. Ta voix me donne des frissons[9]. J'ai besoin de l'entendre souvent et surtout de te
15 regarder chanter.

— Merci, Seigneur ! Je suis flattée[10]. Si vous permettez, je vais me retirer.

— Non ! Je ne vous permets pas. (Puis il éclata de rire[11].) Ce que j'ai à vous dire est important. Ne soyez pas pressée[12].
20 Nous avons toute la nuit pour en parler. Buvez un verre, un jus d'orange ou un Coca.

— Non merci. Je dois rentrer. Mon père m'attend.

---

1 croiser qn: rencontrer qn
2 contrarié/e: fâché/e
3 le collier: Kette
4 esquisser qc: etw. andeuten
5 la révérence: Verbeugung
6 entourer qn: jdn. umgeben
7 la suite: *hier* Gefolge
8 le chapelet: Gebetsschnur
9 donner des frissons *m. pl.* à qn: jdn. erschaudern lassen
10 flatté/e: geschmeichelt
11 éclater de rire: in Lachen ausbrechen
12 pressé/e: à toute vitesse

— Ton père est déjà parti. Il a suffi de quelques billets pour qu'il s'en aille. Enfin, tu ne vas pas gâcher[1] la soirée du cheikh ! Viens près de moi. Je voudrais murmurer dans ta petite oreille ce que j'ai à te dire.

Une main la poussa doucement jusqu'à ce qu'elle tombe près du cheikh qui lui prit la main, la tira vers lui et, tout en caressant[2] sa taille, lui murmura à l'oreille :

— Tu seras ma femme, ma petite fille…

Elle se leva et cria :

— Vous n'avez pas honte[3], vieux porc ? Vous croyez tout acheter, les biens, les corps, les carrières, les dignités[4]… Mais vous êtes horrible ! Vous avez l'œil vitreux et la panse[5] pleine de péchés[6]. Vous avez pris l'habitude de venir dans ce pays violer[7] nos ventres vierges[8] et vous repartez dans votre désert la tête pleine de musique et de cris. Là vous voulez consommer[9] en toute légalité, vous voulez emporter de la chair fraîche[10] dans vos bagages[11]. Je vous dis non et je vous méprise. Je crache[12] sur vous et sur votre fortune[13] pourrie[14] !

---

1   gâcher qc: etw. verderben
2   caresser qn/qc: jdn./etw. streicheln
3   avoir honte f.: sich schämen
4   la dignité: l'honneur m.
5   la panse: le gros ventre
6   le péché: Sünde
7   violer qn: jdn. vergewaltigen
8   vierge: jungfräulich, unberührt
9   consommer qc: hier etw. genießen
10 la chair fraîche: Frischfleisch
11 les bagages m. pl.: Gepäck
12 cracher: spucken
13 la fortune: Vermögen
14 pourri/e: fam. hier mies

Elle cracha effectivement[1] et s'en alla. Deux hommes, des gardes du corps[2] probablement, tentèrent[3] de la retenir de force, mais elle se débattit[4], le cheikh, impassible[5], fit un geste de l'index[6] pour qu'on la laisse partir. Des hommes de son entourage se prosternèrent[7] pour s'excuser à la place de l'effrontée[8]. Le cheikh éclata de rire et fit signe qu'on lui remplît son verre. Trois jeunes femmes pulpeuses[9] accoururent[10] et l'entourèrent. Trois danseuses peu vêtues. Il passa ses mains sur leurs poitrines abondantes[11]. Le cheikh semblait heureux, comme s'il avait déjà oublié l'incident[12], même si un tel refus ne lui avait jamais été opposé. Au fond[13] de lui-même, il devait avoir mal. Il n'avait pas l'habitude d'être insulté[14], ni en privé, ni en public. Dans son pays on aurait coupé la langue à l'effrontée. Ici, malgré tous les discours de bienvenue, il ne se sentait pas chez lui. Il passa la nuit avec les trois danseuses, qui au fond le méprisaient et ne pensaient qu'à l'argent qu'elles pourraient lui soutirer[15]. Il le savait et leur demandait de le masser[16] avec la plante des pieds[17]. A tour de rôle[18], elles marchèrent sur lui pendant

1 effectivement: vraiment
2 le garde du corps: Leibwächter
3 tenter de faire qc: essayer de faire qc
4 se débattre: um sich schlagen
5 impassible: indifférent/e
6 l'index *m*.: Zeigefinger
7 se prosterner: sich niederwerfen
8 l'effronté/e: personne qui n'a pas de respect
9 pulpeux/-euse: mit üppigen Formen
10 accourir: arriver en courant
11 abondant/e: grand/e
12 l'incident *m*.: Vorfall
13 au fond: *hier* im Innersten
14 insulter qn: jdn. beschimpfen, beleidigen
15 soutirer qc à qn: jdm. etw. aus der Tasche ziehen
16 masser qn/qc: jdn./etw. massieren
17 la plante des pieds *m. pl.*: Fußsohlen
18 à tour de rôle: abwechselnd

198 Tahar Ben Jelloun

qu'il poussait des gémissements[1] de plaisir. Il s'endormit. Les trois femmes ne savaient pas à qui s'adresser pour se faire payer. Un homme vint les chasser[2] en les insultant. Elles eurent peur et partirent en lui souhaitant des douleurs[3] longues et atroces[4] et une mort prochaine.   5

Le lendemain, le cheikh et sa suite quittèrent le pays à bord de son jet personnel. Durant le vol il ne dit pas un mot. Son entourage[5] était inquiet. Il demanda une carte du monde. Il chercha le pays qu'il venait de quitter, prit un stylo-feutre[6] rouge et barra[7] le pays d'une croix. Les   10 hommes se regardèrent. Le pays et ses plaisirs étaient rayés[8] de la carte. Il ne fallait plus prononcer[9] son nom dans son palais, ni manger sa cuisine, ni écouter sa musique. Une condamnation à disparaître[10]. C'était cela sa volonté et son verdict. Jamais personne n'avait osé humilier[11] cet homme,   15 si puissant, si généreux. Il ne ferait même pas part aux autorités de l'incident. Cela voudrait dire qu'il chercherait à se réconcilier[12]. Aucune excuse ne pouvait effacer[13] le mal que la chanteuse lui avait fait.

Fière d'elle, Sakina décida de ne plus chanter dans   20 des maisons privées. Elle avait raconté à son père ce qui s'était passé au palais du cheikh et avait eu quelques mots

---

1 le gémissement: Stöhnen
2 chasser qn: jdn. verjagen
3 la douleur: Schmerz
4 atroce: terrible
5 l'entourage *m.*: Gefolge, Umgebung (cf. p. 195, note 6)
6 le stylo-feutre: Filzstift
7 barrer qc: etw. (durch)streichen
8 rayer qc: *hier* etw. ausradieren, löschen
9 prononcer qc: dire qc
10 la condamnation à disparaître: zum Verschwinden verurteilt
11 humilier qn: jdn. demütigen (cf. p. 190, note 15)
12 se réconcilier: sich versöhnen
13 effacer qc: *ici* faire oublier qc à qn

L'amour fou **199**

très durs à son égard[1]. Le père était très gêné[2]. Il avait bredouillé[3] une excuse du genre « Je ne savais pas… J'aurais dû rester avec toi… ».

➤➤ *voir Sujets d'étude A, p. 222*

Le temps passa et on oublia l'incident du palais.
5 Sakina partit à Londres enregistrer[4] un disque composé de ses meilleures chansons. La première fois, son père l'accompagna et se montra très attentif. La deuxième fois, ce fut sa mère qui voyagea avec elle. Les séances[5] d'enregistrement durèrent presque un mois. Elle en profita
10 pour visiter Londres et rencontrer des compatriotes[6] étudiants ou travailleurs. Le consulat de son pays organisa un cocktail en son honneur. Des musiciens arabes et anglais vinrent la saluer. La BBC l'invita à une émission où elle chanta sans orchestre. Les gens découvraient
15 la puissance[7] et la beauté de sa voix. La presse écrivit de belles choses sur elle. Sakina était heureuse. Il lui manquait juste un homme à aimer. Le hasard ne tarda[8] pas à le lui présenter. Il s'appelait Fawaz, beau, élégant, jeune, cultivé et très discret. Ses parents avaient fui[9] la guerre
20 civile au Liban et s'étaient installés à Londres où ils avaient repris leurs affaires. Fawaz avait quatre ans de plus que Sakina et tomba amoureux fou d'abord de sa voix, ensuite de son visage. Il la vit pour la première fois au

1 à l'égard *m.* de qn: envers qn
2 gêné/e: verlegen
3 bredouiller: stammeln
4 enregistrer qc: etw. aufnehmen
5 la séance: Sitzung
6 le/la compatriote: personne originaire du même pays
7 la puissance: → puissant/e (cf. p. 194, note 12)
8 ne pas tarder à faire qc: ne pas perdre du temps
9 fuir: (ent)fliehen

cocktail du consulat. Il l'observa[1] toute la soirée et, avant de partir, il demanda à son ami le consul général de la lui présenter. Il y avait chez lui quelque chose du gentleman anglais : il lui fit le baisemain[2], salua sa mère en esquissant une révérence, eut des mots très fins pour évoquer la 5 beauté de sa voix. Fawaz était ainsi, bien élevé[3], galant et d'une grande élégance morale et physique. Il parlait plusieurs langues, préférait la musique classique et la littérature à la vidéo et à la boisson. Homme très occupé[4], il pria cependant[5] Sakina de l'accompagner au vernissage 10 d'une exposition sur les impressionnistes. Sakina se rendit compte qu'il connaissait beaucoup de monde. Les gens le saluaient respectueusement, certains le prenaient à part[6] pour lui parler affaires. Il s'excusait tout le temps auprès[7] d'elle. Elle était ravie[8] de découvrir Manet, Renoir… 15 et heureuse d'être en si bonne compagnie. Quelques jours plus tard il demanda à la mère de Sakina s'il pouvait se permettre d'inviter sa fille à dîner. Sakina n'était pas libre mais lui proposa de sortir avec lui à la fin de la semaine, quand elle aurait terminé son enregistrement. 20 Entre-temps[9], il mit à sa disposition[10] une voiture avec chauffeur anglais pour le cas où elle aimerait faire du tourisme ou visiter les grands magasins. Tout était parfait.

1   observer qn: regarder qn attentivement
2   faire le baisemain à qn: jdm. einen Handkuss geben
3   (bien) élevé/e: (gut) erzogen
4   occupé/e: qui a beaucoup à faire, beaucoup de travail
5   cependant: pourtant
6   prendre qn à part: jdn. zur Seite nehmen
7   auprès de qn: chez qn
8   ravi/e: très content/e, très heureux/-euse
9   entre-temps: in der Zwischenzeit
10 mettre qc à la disposition de qn: jdm. etw. zur Verfügung stellen

Trop parfait peut-être. Il est rare de rencontrer un homme si distingué[1], si prévenant[2] et si courtois[3].

Le soir du dîner, Fawaz se montra impatient[4] et d'humeur[5] étrange[6]. Sakina lui demanda si tout allait
5 bien. Il répondit qu'il était triste parce qu'il sentait que la fin de leur visite était proche[7]. Effectivement, Sakina n'avait plus rien à faire à Londres et s'apprêtait[8] à rentrer chez elle. Fawaz lui prit les mains et les porta à ses lèvres[9]. Il lui dit : « Je suis triste parce que vous devez partir. J'ai eu la
10 folie de m'habituer à votre visage, à votre sourire, à votre présence, si sereine, si belle, si douce. Je pense à vous, je ferme les yeux et je vous vois encore plus belle, plus proche mais toujours inaccessible[10]. Votre voix me transporte vers l'enfance, vers cette innocence qui reste encore présente
15 dans votre regard. Je vous parle en baissant[11] les yeux, car je suis gêné, je voudrais tellement vous dire les choses pures[12] qui sont dans mon cœur, les sentiments profonds[13] qui me ramènent[14] à la vie. Mais votre silence me fait peur. Vous ai-je importunée[15] ? Excusez ce débordement[16], qui a
20 été plus fort que moi. Je suis un homme seul. Je travaille

1 distingué/e: vornehm
2 prévenant/e: zuvorkommend
3 courtois/e: poli/e
4 impatient/e: ungeduldig
5 l'humeur f.: Stimmung, Laune
6 étrange: pas normal/e, bizarre
7 être proche: être bientôt, s'approcher
8 s'apprêter à faire qc: se préparer à faire qc
9 porter qc aux lèvres: etw. an die Lippen führen
10 inaccessible: unerreichbar, unnahbar
11 baisser: senken (→ bas)
12 pur/e: innocent/e
13 profond/e: tief, tiefgründig
14 ramener qn à la vie: jdn. wieder ins Leben zurückrufen
15 importuner qn: déranger qn
16 le débordement: Ausbruch

beaucoup et n'ai qu'un rêve, celui de rencontrer une femme qui aurait vos yeux, votre voix, votre beauté et aussi votre bonté[1]. Je rêve et je vous livre[2] mon utopie. Je vous sais femme de bien, réservée, très distinguée, et une artiste exceptionnelle[3]. Je serais heureux si mes sentiments trouvaient un écho, même un petit écho, chez vous. Je ne vous demande rien. Juste de croire à mes émotions, de les observer et de leur faire une petite place dans votre cœur, dans votre vie. Ne répondez pas tout de suite. Je souhaiterais que mes mots aient le temps de faire leur chemin. Dès que je vous ai vue, j'ai su que ma vie allait être bouleversée. J'aurais dû prendre mes distances et regarder ailleurs[4], me plonger dans mes affaires, dans les chiffres, dans les contrats, des choses aussi éloignées[5] que possible de l'amour. Mais j'ai cédé[6]. Est-ce ma faute ? J'ai cru voir en vos yeux une toute petite complicité. Mon pays est détruit. Je n'ai plus envie d'y retourner. Je suis à la recherche d'une patrie d'adoption[7]. L'Angleterre est une terre d'élection[8] pour le travail, votre pays est beau. Pour moi, c'est le Liban moins l'angoisse[9], c'est le Liban plus la générosité. Votre pays pourrait devenir le mien si vos sentiments à mon égard me l'autorisaient[10]. Mon destin est entre vos mains. Ne dites rien. Pas tout de suite. Laissez-moi terminer. Car mes intentions sont sérieuses. J'ai vingt-huit ans, une excellente situation, et je voudrais fonder une famille. Notre religion ne dit-elle

1 la bonté: Güte
2 livrer qc à qn: *ici* confier qc à qn
3 exceptionnel/le: außergewöhnlich
4 ailleurs: ≠ ici
5 éloigné/e: lointain/e, ≠ près, proche
6 céder: nachgeben, aufgeben
7 la patrie d'adoption *f.*: Wahlheimat
8 la terre d'élection *f.*: Wahlheimat
9 l'angoisse *f.*: la peur
10 autoriser qc: permettre qc

pas qu'un homme n'est un homme que lorsqu'il fonde une famille dans le respect de la morale et de la vertu[1] ? Je suis un bon musulman. Je crois en Dieu et en son prophète. Je ne pratique pas avec constance, mais mon cœur est musulman.

5 Il m'arrive de mentir[2], bien sûr, des petits mensonges[3] nécessaires à la bonne conduite[4] des affaires, c'est la règle, car si vous dites toujours la vérité vous ne réaliserez rien. J'aime les enfants. Mais cela n'est pas un défaut. J'aime le sport. J'ai une passion pour le football. Durant un match il
10 ne faut pas me déranger. Mon autre défaut est de taille[5] et, si vous l'acceptiez, il n'y aurait pas d'obstacle[6] à franchir[7] : j'ai la folie de vous aimer. J'ai bien réfléchi, j'ai bien mesuré[8] et pesé mes mots, je suis amoureux de vous et je sens au plus profond de moi-même que c'est pour la vie,
15 pour toujours. Je ne vous demande pas de me croire sur-le-champ[9]. Je vous laisse partir chez vous et quand vous aurez réfléchi, beaucoup pensé, faites-moi signe et j'arriverai. Tout dépend de vous, à présent. Je suis un homme simple et discret. Passons par l'épreuve[10] de l'absence. Si cette
20 absence est trop dure, brisons-la[11] et revoyons-nous. Seul le temps pourra être le témoin[12] de mes sentiments. A présent, je vous prie de m'excuser. J'ai parlé seul. J'ai trop parlé. Je me sens un peu léger[13]. Je dormirai bien cette nuit, car

---

1 la vertu: Tugend
2 mentir: ne pas dire la vérité
3 le mensonge: ≠ la vérité → mentir (cf. note 2)
4 à la bonne conduite: pour pouvoir bien conduire qc
5 être de taille: être grand/e, être important/e
6 l'obstacle *m*.: Hindernis
7 franchir qc: passer par-dessus de qc, surmonter qc
8 mesurer qc: *ici* peser le pour et le contre
9 sur-le-champ: tout de suite
10 l'épreuve *f*.: Prüfung
11 briser qc: casser/rompre qc
12 le témoin: Zeuge/-in
13 léger/-ère: *ici* faible, fatigué/e

cela fait trente nuits que je dors mal. Je pensais à vous et l'envie de vous voir devenait si forte qu'elle empêchait tout sommeil[1]. Telle est ma déclaration. Elle est romantique mais vraie. Je vous promets que durant l'absence je n'écouterai aucune de vos chansons pour ne pas influencer l'évolution de mes sentiments. J'attendrai. J'attends déjà. Un mot. Une phrase, une lettre, même courte, mais ne me laissez pas sans nouvelles… »

Il déposa un baiser léger sur ses mains et se leva pour la raccompagner[2]. Sakina était émue[3]. Elle eut envie de pleurer, mais se retint. Elle n'avait jamais entendu une si belle déclaration. Elle se demandait si des hommes arabes étaient capables de tant de délicatesse[4]. Elle croyait que cela n'existait que dans les romans-photos ou les films mélodramatiques. En arrivant à son hôtel, Fawaz descendit de la voiture et lui baisa la main en lui demandant s'il pouvait se permettre de venir le lendemain l'accompagner à l'aéroport. Elle lui dit que la maison de disques se chargeait[5] de cette corvée[6] et qu'elle n'aimait pas les adieux dans une gare ou un aéroport. Il lui donna sa carte en y ajoutant son numéro de téléphone personnel et son adresse. « Avec ce numéro, je suis joignable[7] partout et tout le temps ! »

La fille ne dormit pas de la nuit. Elle réentendait des phrases entières de Fawaz dites avec sa voix tendre. Le visage ému de celui-ci réapparaissait. Elle était conquise et aurait aimé être dans ses bras, la tête posée sur son

---

1   le sommeil: Schlaf
2   raccompagner qn: reconduire qn
3   ému/e: touché/e
4   la délicatesse: la sensibilité, la discrétion
5   se charger de qc: s'occuper de qc
6   la corvée: le travail, l'obligation f.
7   joignable: erreichbar

épaule, comme dans un film d'amour, marcher en lui tenant la main dans les rues de Londres, sous le crachin[1] et dans le brouillard[2]. Elle aimait les clichés et les gardait pour ses moments de solitude. Avait-elle du désir[3] pour cet homme ?
Elle rêvait de son torse[4] nu, de ses muscles, de ses doigts dans ses cheveux, elle laissait son imagination dévêtir[5] son amoureux et n'osait pas s'imaginer faisant l'amour avec lui. Elle effleura[6] ses seins[7]. Ils étaient durs et gonflés[8] de désir. Elle se leva, prit une douche et mit de l'ordre dans ses valises. Elle eut un moment envie d'appeler le numéro personnel et confidentiel puis se ressaisit[9].

En arrivant chez elle, elle trouva un superbe bouquet de roses avec juste ce mot : *Des roses pour vous souhaiter un bon retour à la maison. F.*

➻ voir Sujets d'étude B, p. 222

Sakina menait une vie calme et simple. Elle vivait avec ses parents dans un petit appartement au centre-ville où régnait[10] une agitation[11] bruyante[12] jour et nuit. Elle s'était habituée à dormir en se bouchant[13] les oreilles avec des boules en cire[14] et préférait lire plutôt qu'écouter de la musique. Elle

1	le crachin: une pluie fine
2	le brouillard: Nebel
3	le désir: Begierde, Verlangen, Lust
4	le torse: Oberkörper
5	dévêtir qn: déshabiller qn
6	effleurer qn/qc: toucher qn/qc légèrement
7	les seins *m. pl.*: Brüste
8	gonfler: anschwellen
9	se ressaisir: se maîtriser, se calmer
10	régner: *ici* exister
11	l'agitation *f.*: Bewegung, Treiben
12	bruyant/e: → le bruit
13	se boucher les oreilles: fermer les oreilles à l'aide de qc
14	la boule de cire *f.*: Wachskugel

aimait les romans de Guy des Cars[1], comme la plupart des
filles de sa génération. (Elle y trouvait de la vie arrangée[2]
par le roman et, tout en reconnaissant que ce n'était pas de
la grande littérature, tenait à ne pas rater le dernier livre de
cet auteur.) Son père essayait souvent de lui faire lire des
romans classiques mais n'y arrivait pas.

Elle vivait dans une bulle[3] avec ses rêves de petite
fille romantique. En même temps, elle détestait le faste[4],
le gaspillage[5] et le luxe tapageur[6] des émirs du Golfe qui
fréquentaient[7] le pays depuis que Beyrouth, ravagée[8] par la
guerre, ne pouvait plus les accueillir. En bonne musulmane,
elle trouvait que ces « gens-là » étaient pervertis[9] par
l'argent, le vice[10], et par la complaisance[11] de ceux qui
profitaient de leurs largesses[12]. C'est son père qui avait insisté
pour qu'elle se produisît[13] devant l'émir. On lui avait assuré[14]
que tout se passerait correctement. Mais, à présent, cette
histoire était oubliée, une nouvelle espérance[15] se pointait[16]
à l'horizon pour la petite chanteuse à la voix d'or, digne[17]
de succéder[18] à Oum Kalthoum. En tout cas, c'était l'avis de

---

1   Guy des Cars: romancier et dramaturge français (1911–1993)
2   la vie arrangée: geregeltes Leben
3   la bulle: Seifenblase
4   le faste: le luxe
5   le gaspillage: Verschwendung
6   tapageur/-euse: qui cherche à attirer l'attention f. des autres
7   fréquenter qn/qc: aller souvent chez qn / à/dans qc
8   ravagé/e: détruit/e
9   pervertir qc: etw. verderben
10 le vice: Sünde
11 la complaisance: Gefälligkeit
12 la largesse: Freigiebigkeit
13 se produire: se montrer (sur scène)
14 assurer qc à qn: garantir qc à qn
15 l'espérance f.: lit. l'espoir m.
16 se pointer: se montrer, apparaître
17 digne: würdig
18 succéder à qn: suivre qn, prendre la place de qn

M. Achrami, son professeur de chant et un ancien de l'orchestre d'Oum Kalthoum, qui avait proposé de la faire travailler. Le vieux Achrami était un petit homme sec[1] et élégant. Il portait des lunettes et un tarbouche[2] rouge et
5 la faisait rire en lui racontant des blagues égyptiennes. Il lui avait aussi déconseillé de chanter chez les émirs en lui citant un dicton[3] marocain : « Que comprend l'âne[4] au gingembre[5] ? » Cette antipathie pour les gens du Golfe était quasi générale. Seuls ceux qui faisaient des affaires
10 avec eux ou profitaient de leurs moments d'égarement[6] se taisaient[7] quand on parlait d'eux. Ils ne faisaient pas leur éloge[8] mais s'éclipsaient[9] pour ne pas avoir à les critiquer ou à les défendre.
La chambre de Sakina était tapissée[10] de portraits de
15 ses chanteurs et chanteuses préférés : Oum Kalthoum, évidemment, Mohamed Abdel Wahab[11], qu'elle avait réussi à rencontrer grâce à M. Achrami, Fayrouz[12], Ismahane, la belle, la sublime[13] Ismahane au regard clair et énigmatique[14], morte jeune dans un accident de voiture, Abdel Halim Hafez[15],
20 sur une de ses dernières photos qui le montre amaigri[16]

---

1 sec/sèche: *hier* schroff
2 le tarbouche: orientalische Kopfbedeckung, Fes
3 le dicton: le proverbe
4 l'âne *m.*: Esel
5 le gingembre: Ingwer
6 l'égarement *m.*: *hier* Ausschweifung
7 se taire: ≠ parler
8 faire éloge *m.* de qn/qc: dire du bien de qn/qc, louer qn/qc
9 s'éclipser: s'en aller, disparaître
10 tapissé/e de qc: couvert/e de qc   -
11 Mohamed Abdel Wahab: chanteur et compositeur égyptien (1907 – 1991)
12 Fayrouz: chanteuse libanaise (née en 1935)
13 sublime: extraordinaire
14 énigmatique: mystérieux/-euse
15 Abdel Halim Hafez: chanteur et acteur égyptien (1929 – 1977)
16 amaigrir: ≠ grossir

par la maladie, Edith Piaf[1], Maria Callas[2], puis un couple de chanteurs italiens. Elle épingla[3] une photo Polaroid où Fawaz se penche vers elle comme s'il lui expliquait quelque chose, une photo prise dans la rue par un Pakistanais. Elle colla dessus, en biais[4], une fleur séchée et passa un long moment à rêver. Elle se voyait enlevée[5] par le beau prince charmant qui lui murmurait des mots d'amour à l'oreille. Elle se voyait rire et pleurer en même temps. La vie était un rêve et le rêve ne faisait qu'imiter la vie. Elle n'avait aucun mal à confondre la fiction et la vie et à croire à l'amour salvateur[6]. Elle faisait de grands progrès dans son travail avec M. Achrami. Sa voix prenait de l'ampleur[7]. Elle savait la poser et changer de registre au bon moment. Avant c'était naturel. Maintenant elle connaissait mieux les différentes tonalités et les maîtrisait bien. Elle était devenue une professionnelle. Le disque enregistré à Londres était sorti. Elle reçut plusieurs lettres d'admirateurs. La plus fine, la plus intelligente, était signée Fawaz :

Votre voix, tel[8] un rêve dans le rêve, nous emmène au-delà des[9] rives de la passion et de la félicité[10]. Je n'ai pas pu résister ; j'avoue vous avoir longuement écoutée. Pardonnez cette défaillance[11], mais notre pacte tient. A bientôt. F.

Elle se confia à sa mère, qui lui dit : « Ma fille, tu es grande, mais la vie m'a appris une chose, une seule, c'est la

---

1 Edith Piaf: chanteuse française (1915 – 1963)
2 Maria Callas: chanteuse d'opéra gréco-américaine (1923 – 1977)
3 épingler qc: etw. mit Nadeln befestigen
4 en biais: quer, schräg
5 enlever qn: emmener qn, venir chercher qn
6 salvateur/-trice: (er)rettend
7 l'ampleur *f.*: Umfang
8 tel/le: pareil/le
9 au-delà de qc: über etw. hinaus
10 la félicité: le bonheur
11 la défaillance: la faiblesse

méfiance[1]. Les hommes sont incapables de sincérité. Ils sont
lâches[2] et pour arriver à leur but ils peuvent te promettre la
lune et même faire descendre les étoiles pour t'épater[3], pour
que tu tombes. Après, ils sont vite rassasiés[4]. Ils regardent
5   ailleurs. Avec ton père c'était différent. Nous étions cousins
promis l'un à l'autre selon la tradition. Il m'épousa[5] et sortait
souvent le soir avec ses amis. Quand il s'est fatigué de cette
vie de débauche, il est revenu à moi en me suppliant de lui
pardonner. L'amour est beau dans les livres, sur des images,
10 au cinéma. L'amour, le vrai, celui qui compte, c'est celui de
la vie quotidienne, celui-là, on n'en parle jamais parce qu'il
n'est pas facile à représenter. Si ton homme t'aime en dehors
des dîners en tête à tête, s'il a les mêmes attentions un jour
de semaine qu'un soir de fête, alors c'est de l'amour. Mais
15 comment le savoir avant ? Je ne connais pas bien cet homme
du Liban. Apparemment, c'est quelqu'un de bien élevé. Ses
intentions sont sérieuses. Mais où serait votre foyer[6] ? Ici, à
Londres, à Beyrouth ? Réfléchis bien et surtout pense à ta
voix, pense à ton travail. Les Arabes n'aiment pas que leur
20 fille ou leur sœur soient chanteuses. Pour eux, c'est un métier
qui n'est pas loin de la prostitution. Es-tu sûre que Fawaz ne
t'empêchera pas de continuer à chanter ? Les hommes non
seulement sont lâches mais jaloux. Ils ne supportent pas que
leur épouse puisse apparaître[7], réussir, être plus connue
25 qu'eux. C'est comme ça. Peut-être le gentleman, à force[8] de

---

1 la méfiance: ≠ la confiance
2 lâche: ≠ courageux/-euse
3 épater qn: étonner qn
4 être rassasié/e de qc: avoir assez de qc
5 épouser qn: se marier avec qn
6 le foyer: le lieu où on vit
7 apparaître: *ici* se montrer, se présenter
8 à force de: dadurch, dass

fréquenter les Anglais, s'est-il débarrassé[1] de ce carcan[2] traditionnel arabe ; peut-être est-il devenu un homme civilisé, respectant la femme, ses droits, ses désirs et ses passions. Ce serait un héros ! Peut-être ma fille a-t-elle rencontré un héros… L'avenir nous le dira. »

➤ voir Sujets d'étude C, p. 222

Le temps passa et Sakina se mit à vivre dans le souvenir des choses rêvées. Certaines étaient très belles et énigmatiques[3], d'autres banales. Elle confondait à dessein[4] le réel avec l'imaginaire. Elle se disait amoureuse sans réussir à se projeter[5] dans le futur et à se voir vieillir auprès de Fawaz. Quelque chose de profond empêchait l'apparition de cette image de bonheur et de paix. Elle s'en voulait[6] d'y penser tout le temps et attendait une lettre ou un appel de Fawaz. Elle imaginait le pire. Elle le voyait en train de faire le même discours à d'autres femmes, ou bien encore indifférent, vulgaire, méchant, méconnaissable[7]. Non. Ce n'était pas possible. Pourquoi noircir[8] à dessein une image ? Pourquoi démolir une espérance ? Par méfiance ? Pour faire l'apprentissage de la désillusion ? Sa mère l'avait mise en garde[9], plus par principe qu'en connaissance de cause[10]. C'était un conseil, une précaution[11], valable partout et tout le temps. Les femmes arabes ne se méfieront[12] jamais

1 se débarrasser de qc: *hier* etw. überwinden
2 le carcan: Zwang(sjacke)
3 énigmatique: geheimnisvoll, rätselhaft
4 à dessein: mit Absicht
5 se projeter qc: imaginer qc
6 s'en vouloir de faire qc: se reprocher de faire qc
7 méconnaissable: unkenntlich
8 noircir qc: etw. schwärzen
9 mettre qn en garde: jdn. warnen
10 en connaissance *f.* de cause *f.*: mit Sachkenntnis
11 la précaution: Vorsichtsmaßnahme
12 se mefier de qn/qc: ≠ avoir confiance en qn/qc

assez. Elles ont tellement subi de violences et d'injustices qu'elles sont devenues impitoyables[1], cruelles et brutales. Pas toutes. Mais la mère de Sakina voulait que sa fille soit forte, sans illusion et même un peu cruelle. Sakina était une
5 artiste aimant l'amour comme une adolescente, cherchant un reflet de la vie dans des romans pour midinettes[2], et préférait vivre dans le rêve plutôt que dans la réalité. Il faut dire que cette réalité était bien mince. Une petite vie ponctuée[3] d'événements exceptionnels, de fêtes familiales
10 où elle était surtout sollicitée[4] pour chanter. On la destinait[5] à son cousin germain[6], un jeune homme prétentieux[7] qui préférait jouer aux cartes qu'écouter de la musique. Il y avait eu entre eux un flirt qui avait duré un été, puis plus rien. Des rencontres furtives[8], des regards échangés,
15 quelques sourires, des compliments, des roses, des flacons[9] de parfum, des cadeaux, et pas mal de nuits sans sommeil en étant simplement amoureuse de l'amour.

A son retour de Londres, son vieux professeur de chant lui rendit visite. Il la félicita pour le disque enregistré et
20 évoqua[10] devant elle l'incident du palais. Elle confirma ce qu'il savait et lui demanda son avis.

— Ma fille, je connais un peu ces gens-là. Ils nourrissent[11] à l'égard de la planète entière un mépris magistral[12]. L'argent est leur religion, leur puissance est aussi leur faiblesse. Les

---

1 impitoyable: unerbittlich, erbarmungslos
2 la midinette: jeune fille de la ville
3 ponctuer de qc: mit etw. versehen
4 solliciter qn de faire qc: prier qn de faire qc, faire appel à qn
5 destiner qn/qc à qn/qc: jdn./etw. für jdn./etw. bestimmen
6 le cousin germain: Cousin ersten Grades
7 prétentieux/-euse: arrogant/e
8 furtif/-ive: discret/-ète, rapide
9 le flacon: la petite bouteille
10 évoquer qc: rappeler qc
11 nourrir: *hier* hegen, im Herzen tragen
12 magistral/e: *ici* énorme

vrais princes, les émirs authentiques ne sont pas comme cela, d'ailleurs, ils ne se produisent jamais en public. Ce sont souvent des pseudo-émirs, des cousins éloignés, des fonctionnaires du palais qui se font passer à l'étranger pour des gens haut placés. Cela dit, j'admire ton courage. Tu as eu une excellente réaction. Tu as vengé[1] des centaines de femmes qui ont subi leur arrogance. Remarque, certaines aiment ça. Il ne faut pas croire qu'elles sont toutes des victimes. Ton affaire a fait du bruit. Tu n'étais pas là. Je crois qu'on en a parlé même à Londres. Méfie-toi. Fais attention à toi. Travaille et continue ton chemin.

— Me méfier de quoi, de qui ?

— Je te dis cela pour l'avenir. Ne te mets jamais sur leur route. C'est tout. Tu es une chanteuse à l'âme[2] pure, et c'est rare dans ce métier.

A Londres, Fawaz était très occupé. Il fit plusieurs voyages au Proche-Orient et ses affaires étaient florissantes[3]. Entre deux absences, il trouvait le temps d'appeler Sakina et de lui dire des choses tendres. Il avait l'art de la parole[4], un talent quasi naturel pour trouver les mots justes. Comment, se disait Sakina, ne pas succomber[5] à son charme ? Aucune femme ne lui résisterait. En se disant cela, elle éprouvait[6] comme un petit malaise[7], une crainte que Fawaz ne soit qu'un homme qui séduit puis abandonne, un don Juan, un collectionneur[8] de femmes. Elle eut envie d'en savoir plus sur lui, sur son passé, sur sa vie. Mais à qui s'adresser ? Qui pouvait la renseigner sérieusement ? Le consul chez

---

1 venger qn/qc: jdn./etw. rächen
2 l'âme f.: Seele
3 florissant/e: très bon/ne, prospère, riche
4 l'art m. de la parole: Kunst des schönen Sprechens
5 succomber à qn/qc: ≠ résister à qn/qc
6 éprouver qc: etw. empfinden
7 le malaise: Unbehagen, Unwohlsein
8 le collectionneur de femmes: Schürzenjäger

qui elle l'avait rencontré ? Elle ne le connaissait pas assez pour lui téléphoner et lui poser des questions personnelles. Elle pensa partir à l'improviste[1] à Londres et le surprendre à son hôtel. C'était risqué. Et puis, pensait-elle, de quel droit
5 irais-je lui demander des comptes[2] ? Elle appela son hôtel, non pour lui parler (pour cela elle avait son numéro direct), mais juste pour savoir s'il était rentré. Elle essaya d'apaiser[3] sa curiosité, puis abandonna. Comme par hasard, c'est à ce moment-là qu'il téléphona pour s'inviter deux jours en vue
10 de faire la connaissance de ses parents.

Tout se passa très vite. Elle eut à peine le temps de se préparer et d'arranger le petit appartement où la famille devait le recevoir. La mère refusa d'embellir[4] le salon. Elle dit à sa fille : « Nous n'avons rien à cacher. Nous sommes
15 des gens modestes et je préfère qu'il nous découvre dans notre modestie. A quoi bon montrer un visage fardé[5], à quoi bon mentir, dissimuler[6] ce que nous sommes ? S'il est sérieux, si ses intentions sont sincères, il faut qu'il sache à qui il a affaire : des gens pauvres à qui la vie n'a pas été facile. Ton
20 père n'est pas un homme d'affaires. Tes chansons rapportent[7] un peu, mais, avec la piraterie dans les pays arabes, tes droits d'auteur seront toujours modestes. C'est ainsi. Il faut être vrai. Passé les doux[8] instants de l'amour fou, il faut revenir à la vie de tous les jours. C'est cette vie-là que
25 j'ai envie de lui montrer, avec courtoisie[9], avec fermeté. »

---

1 à l'improviste: de manière inattendue, spontanée
2 demander des comptes *m. pl.* à qn: von jdm. Rechenschaft verlangen
3 apaiser qn/qc: calmer qn/qc
4 embellir qc: rendre qc plus beau
5 fardé/e: maquillé/e
6 dissimuler qc: cacher/masquer qc
7 rapporter qc: *hier* etw. einbringen, abwerfen
8 doux/douce: süß
9 la courtoisie: la politesse

Le père voulut mettre son costume sombre[1] en prétextant[2] que c'était un grand jour. Il en fut empêché. La maison était propre. Les chemises repassées[3]. La robe de Sakina, simple et discrète. La mère ne dissimula pas son aspect sévère. Fawaz arriva vêtu[4] d'un superbe costume bleu marine. Il apporta des cadeaux à tout le monde, une flûte pour le père, une montre pour la mère, un petit ordinateur pour le frère, un lecteur laser pour la petite sœur, et pour Sakina, une bague sertie[5] de diamants. La mère eut envie de refuser les cadeaux, elle fut prise de tristesse et eut les larmes aux yeux. Le père était ému et content. Sakina ne savait si elle devait accepter ou refuser la bague. Elle regarda sa mère, qui lui fit signe de ne rien dire. Elle posa la bague sur la table en face d'elle et l'observa fixement[6]. Des larmes coulèrent[7] de ses yeux. Des larmes heureuses, des larmes d'inquiétude[8]. Pour une fois, Fawaz ne dit rien. Il sentit une gêne[9], une légère tension[10]. Il s'excusa de les avoir dérangés et se leva pour partir. Le père le retint. Ce fut à ce moment-là qu'il fit sa demande[11] officielle. Le père répondit que c'était à Sakina d'accepter ou de refuser. La mère apporta du thé et des gâteaux. En bons musulmans, ils levèrent les mains jointes[12] et récitèrent[13] la première sourate[14] du Coran. Ils

---

1   sombre: *ici* noir/e
2   prétexter qc: etw. als Vorwand nehmen
3   repasser qc: etw. bügeln
4   vêtu/e de qc: habillé/e de qc
5   sertir de diamants *m. pl.*: mit Diamanten einfassen
6   observer qn/qc fixement: regarder qn/qc les yeux grands ouverts
7   couler: fließen
8   l'inquiétude *f.*: Besorgnis, Unruhe
9   la gêne: la confusion, le trouble
10   la tension: Spannung
11   la demande (en mariage): Heiratsantrag
12   joint/e: mis/e ensemble
13   réciter qc: dire à haute voix
14   la sourate: Sure (des Korans)

se saluèrent. Fawaz parla de ses parents avec émotion. Sa
mère était morte depuis longtemps. Son père vivait mal
depuis la mort de sa femme. Fawaz laissa entendre qu'il
n'avait plus sa tête[1]. Il eut un moment de tristesse. On décida
de célébrer[2] le mariage avant l'été. Fawaz partit retrouver
ses affaires et Sakina se mit[3] à préparer son trousseau[4]. Le
doute et l'inquiétude ne rôdaient[5] plus autour d'elle. La vie
était belle. Tout lui souriait. Elle travaillait avec enthousiasme.
Elle reçut des propositions de compositeurs égyptiens. La
télévision lui consacra[6] une soirée entière. Sakina était en
train de devenir une étoile de la grande chanson arabe.

➤ *voir Sujets d'étude D, p. 223*

Le mariage eut lieu comme prévu la dernière semaine
de mai. On invita juste la famille et quelques amis. Ce fut
une petite fête sans trop de bruit. Pendant la nuit de noces[7],
les deux mariés étaient tellement fatigués qu'ils ne firent
pas l'amour. Ils s'embrassèrent tendrement et, le lendemain,
ils s'envolèrent[8] pour Rome et Venise fêter leur lune de
miel[9]. Le miel était amer[10]. Fawaz était devenu très nerveux
et irritable[11]. En arrivant à l'hôtel, à Rome, il réclama[12] une
chambre avec deux lits séparés. Il dit qu'il ne pouvait dormir
qu'en étant seul. Il téléphonait souvent, parlait plusieurs

1   ne plus avoir sa tête: être fou/folle, être perturbé/e
2   célébrer qc: etw. feiern
3   se mettre à faire qc: commencer à faire qc
4   le trousseau: *hier* Aussteuer
5   rôder: herumstreichen, umherstreichen
6   consacrer qc à qn: jdm. etw. widmen
7   la nuit de noces *f. pl.*: Hochzeitsnacht
8   s'envoler: partir en avion
9   la lune de miel *m.*: Flitterwochen
10 amer/amère: bitter
11 irritable: qui se fâche vite
12 réclamer qc: demander qc

langues. Au dîner, il eut un geste maladroit[1] et renversa
son verre de Coca sur sa veste. Il se mit en colère et rendit
Sakina responsable. Elle pleura, se leva et monta dans la
chambre. Quand il la rejoignit, elle fit semblant de dormir. Il
fuma plusieurs cigarettes, regarda la télé jusqu'à une heure
très avancée de la nuit[2]. Sakina commençait à se poser des
questions sur sa sexualité. Elle ne comprenait pas pourquoi
il ne la caressait pas, ni ne lui faisait l'amour. Durant la
nuit, pendant qu'il dormait, elle s'approcha de lui et se mit
à le caresser. Quand sa main s'approcha de son ventre, il
sursauta[3] et dit que son médecin lui avait interdit toute
relation sexuelle pendant deux semaines à cause d'un virus
hépatique[4] transmissible[5] qu'il était en train de soigner.
Elle chercha dans la salle de bains des médicaments et ne
trouva qu'un flacon de paracétamol et une boîte d'Aspégic[6].
Il lui dit que le médicament n'était pas en vente dans les
pharmacies et qu'il consistait en[7] des piqûres d'interféron[8]
que son médecin lui avait déjà administrées[9].

Elle jugea[10] la chose plausible. Mais combien de temps
allait-elle rester vierge[11] ? Elle ne connaissait de l'amour
physique que des descriptions romanesques. Quand elle
flirtait avec son cousin, il lui était arrivé de prendre entre
ses mains son pénis et même de l'embrasser. Son cousin

---

1   maladroit/e: ungeschickt
2   une heure très avancée de la nuit: très tard dans la nuit
3   sursauter: zusammenfahren, -zucken
4   le virus hépathique: Lebererkrankung
5   transmissible: ansteckend
6   Aspégic: l'aspirine *f.*
7   consister en qc: aus etw. bestehen
8   la piqûre d'interféron: Interferonspritze
9   administrer qc: etw. verabreichen
10 juger qn/qc + *adj.*: jdn./etw. für etw. halten
11 la vierge: Jungfrau

L'amour fou **217**

lui caressait la poitrine, elle ne le laissait pas mettre sa main sur son sexe[1]. Elle serrait[2] les cuisses[3] et refusait énergiquement la moindre[4] caresse. Elle avait lu qu'une jeune fille pouvait perdre sa virginité[5] avec juste une
5 pénétration du majeur[6]. A présent, sa virginité était disponible, ses cuisses desserrées[7], son sexe ouvert, mais l'homme qu'elle aimait dormait profondément et même ronflait[8]. Elle retira sa bague et l'admira à la lumière de la salle de bains. Et si les pierres[9] étaient fausses ? Et si tout
10 était faux ? L'homme n'étant pas un homme, le mariage n'étant qu'un simulacre[10] de mariage, la lune de miel n'étant qu'un rêve mal écrit, un rêve détourné[11] par un époux[12] ayant changé de visage ? Tout cela était troublant[13], inquiétant[14]… très inquiétant. A l'instant même où elle broyait[15] du noir, où
15 des larmes coulaient toutes seules sur son visage, où elle se sentait laide et inutile, flouée[16] et abandonnée, Fawaz la prit dans ses bras et la couvrit de baisers. Il lui dit que ce mariage était pour lui la réalisation d'un rêve trop puissant et qu'il était fortement perturbé[17] par cet événement. Il se

---

1 le sexe: *hier* Geschlechtsteil
2 serrer qc: *ici* fermer qc
3 la cuisse: la partie supérieure de la jambe
4 le/la moindre + *nom*: le/la plus petit/e + *nom*
5 la virginité: Jungfräulichkeit
6 le majeur: Mittelfinger
7 desserré/e: ouvert/e, ≠ serré/e (cf. note 2)
8 ronfler: schnarchen
9 la pierre: *hier* Edelstein
10 le simulacre: l'illusion *f.*
11 détourner qc: etw. umleiten
12 l'époux/-ouse: le mari/la femme
13 troublant/e: verwirrend, verunsichernd
14 inquiétant/e: ≠ calmant/e
15 broyer du noir: s'abandonner à des réflexions tristes/noires
16 se sentir floué/e: *fam.* sich reingelegt fühlen
17 perturber qn/qc: troubler qn/qc (cf. note 13)

montra affectueux[1], lui dit des mots gracieux[2] comme : « Tes yeux sont si beaux qu'ils font descendre les oiseaux du ciel », « C'est un péché que de les laisser verser[3] des larmes », « Sois patiente, le rêve n'a pas encore commencé »… Sakina était un peu rassurée. Ils dînèrent dans un restaurant donnant sur 5 la place San Marco. Il se conduisit en amoureux attentif. Il ne se séparait jamais de son téléphone portable. Au milieu du dîner, celui-ci sonna. Fawaz redevint sérieux, se leva et sortit du restaurant pour parler. Sakina regarda autour d'elle. Un vieux couple d'Anglais dînait tranquillement sans se dire 10 un mot. Ils étaient sympathiques. Elle se disait : C'est cela vieillir ensemble, on n'a plus besoin de se parler, plus besoin de tout expliquer, un regard suffit. Ils sont beaux. Arriverai-je un jour à cet état[4] ?… Le garçon qui la servait était très vieux. Il marchait avec difficulté. Ses mains tremblaient. Ce devait 15 être le plus vieux garçon d'Italie. C'était peut-être le patron. Il vint vers elle et lui dit « Vous êtes belle, mademoiselle ! » puis s'en alla ailleurs. Une vieille femme mangeait seule, tout en lisant un roman policier. Le restaurant était décoré de photos de vedettes[5] du cinéma, de la chanson et du sport 20 qui posaient à côté du patron. Certains acteurs avaient dédicacé[6] leur portrait au patron. Elle se disait qu'un jour viendrait où elle aurait sa photo à côté de ces stars. Fawaz revint, l'humeur changée, le visage défait[7] :

— Je dois être demain à Dyar. C'est très urgent. Une 25 affaire qui risque de mal tourner[8]. Quand j'étais dans ton

---

1 affectueux/-euse: tendre
2 gracieux/-euse: gentil/le
3 verser qc: etw. vergießen
4 l'état *m.*: la situation
5 la vedette: la star
6 dédicacer qc à qn: jdm. etw. widmen
7 défait/e: *hier* mitgenommen
8 mal tourner: se développer négativement

pays, un de mes adjoints[1] a commis[2] une faute. Il faut que j'aille voir ce qui se passe. C'est une affaire de plusieurs millions. Je suis désolé[3] de gâcher ainsi notre lune de miel. Je te propose que nous allions ensemble à Rome, tu visiteras
5   la ville et on se retrouvera à la fin de la semaine. Ou bien tu vas à Londres voir ta maison de disques…

— Non, je viens avec toi. Je ne te quitterai plus. Tes problèmes sont mes problèmes. Mes succès seront aussi les tiens. Je t'aime et je ne veux pas te laisser seul. On se
10   connaît peu. On n'a même pas eu le temps de s'ennuyer ensemble, de se disputer.

Fawaz rit et la serra dans ses bras[4] en lui disant :

— Tu es une femme exceptionnelle. J'ai besoin de ton soutien[5], de te savoir avec moi, complice et aimante. Il est
15   merveilleux, notre amour !

La nuit, ils dormirent serrés l'un contre l'autre. Elle sentait l'érection de son époux mais respectait son obligation[6] d'abstinence. Elle lui proposa de faire l'amour avec un préservatif. Il refusa en lui citant un dicton brésilien : « Faire
20   l'amour avec un préservatif, c'est comme manger un bonbon avec son papier ! » Elle éclata de rire et caressa le visage de Fawaz, qui se laissa faire.

A l'aéroport de Dyar, une limousine noire aux vitres filmées[7] les attendait près de la passerelle[8] de l'avion.
25   Le chauffeur ressemblait à Saddam Hussein[9], même

---

1 l'adjoint/e: l'assistant/e
2 commettre qc: etw. begehen (une erreur / un crime)
3 être désolé/e: regretter qc
4 serrer qn dans ses bras *m. pl.*: jdn. in die Arme schließen
5 le soutien: l'aide *f.*
6 l'obligation *f.*: Verpflichtung
7 la vitre filmée: getönte Scheibe
8 la passerelle: *hier* Gangway
9 Saddam Hussein: l'ancien dictateur de l'Iraq

moustache[1], même corpulence[2], même allure[3] sévère. Sans dire un mot il s'empara[4] de l'attaché-case[5] de Fawaz et ouvrit les portières. Il faisait très chaud. La voiture était climatisée. Pas un mot ne fut échangé dans cette voiture. Sakina essaya de se rapprocher[6] de son mari et de lui prendre la main. Du regard il lui intima[7] l'ordre de rester à sa place. Elle ne bougea pas. Elle regardait la ville. Des autoroutes, des immeubles et pas de passants. Quelques travailleurs yéménites ou pakistanais transportaient des sacs de ciment[8]. Ils avançaient péniblement[9]. Il faisait plus de 45° à l'ombre[10].

La voiture s'engouffra[11] dans un palais. Sakina demanda pourquoi ils n'allaient pas d'abord à l'hôtel. Il lui fit signe de ne pas parler. Il tira de sa poche un chapelet et l'égrena[12] nerveusement. Elle pensa que l'affaire en question devait être grave. Au moment où la voiture commençait à ralentir[13], Fawaz serra très fort la main de sa femme. La voiture s'arrêta face à l'entrée principale du palais. Le chauffeur ouvrit la portière du côté de Sakina. Fawaz était déjà descendu et attendait au seuil[14] du palais. Sakina aperçut un petit

---

1   la moustache: Schnurrbart
2   la corpulence: Beleibtheit
3   l'allure *f.*: l'attitude *f.*, le comportement
4   s'emparer de qc: prendre qc
5   l'attaché-case *m.*: Aktenkoffer
6   se rapprocher de qn/qc: venir plus près de qn/qc
7   intimer qc à qn: signifier qc à qn avec autorité *f.*
8   le ciment: Zement
9   péniblement: difficilement
10 l'ombre *f.*: Schatten
11 s'engouffrer: disparaître
12 égrener (le chapelet): (Rosenkranz) rauf- und runterbeten
13 ralentir: aller moins vite
14 le seuil: Schwelle

homme vêtu de blanc, trapu[1], le ventre gros, la barbichette clairsemée... Elle crut avoir une vision. Elle reconnut le prince, celui qu'elle avait insulté[2], celui sur lequel elle avait craché, celui qui lui avait demandé de l'épouser parce qu'il
5 aimait sa voix et sa poitrine.

Il la regarda fixement. Elle faillit s'évanouir[3]. Quand ses yeux se dirigèrent vers son époux, celui-ci détourna les siens et dit au prince :

— Monseigneur, voici la chose ! Mission accomplie[4] !
10 Deux eunuques noirs emmenèrent Sakina, la belle chanteuse, vers une prison à vie où l'enfer promis par Dieu n'est rien au regard[5] de ce qu'elle allait endurer[6]. Sous la menace[7], on lui fit écrire à ses parents pour leur dire qu'elle était heureuse et que, par amour pour son mari, elle avait
15 arrêté de chanter.

➦ *voir Sujets d'étude E, p. 223*

1 trapu/e: untersetzt, gedrungen
2 insulter qn: jdn. beleidigen, beschimpfen
3 s'évanouir: ohnmächtig werden
4 mission accomplie!: Auftrag ausgeführt!
5 au regard de: en comparaison de
6 endurer qc: souffrir/supporter qc
7 la menace: Drohung

Sujets d'étude

A. Page 188, l. 1 – page 199, l. 3

1. Exposez brièvement le problème de ce début de nouvelle.
2. Faites le portrait physique et moral de Sakina.
3. Trouvez cinq adjectifs pour caractériser le cheikh. Justifiez votre choix à l'aide du texte.
4. Quelle est la fonction de l'introduction (p. 188, l. 1 – p. 189, l. 15) ? Analysez.

B. Page 199, l. 4 – page 205, l. 14

1. Résumez cette partie de la nouvelle.
2. Faites le portrait de Fawaz.
3. Dégagez les différents sujets / points d'argumentation que Fawaz évoque dans sa déclaration pour convaincre Sakina.
4. Comparez la déclaration du cheikh avec celle de Fawaz.

C. Page 205, l. 15 – page 210, l. 5

1. Dégagez les idées principales dans le discours de la mère. Quel est son objectif ?
2. Expliquez le concept d'un mariage heureux tel qu'il est présenté par la mère de Sakina. Qu'est-ce que l'amour pour elle ?
3. « Ma femme est célèbre et gagne plus d'argent que moi. » Est-ce une situation problématique pour les hommes dans notre société ? Qu'en pensez-vous ? Discutez.

D. Page 210, l. 6 – page 215, l. 11

1. Indiquez le sujet de cette partie de texte en quelques phrases.
2. Comment Fawaz arrive-t-il à convaincre Sakina et ses parents ? Dégagez les détails de sa stratégie dans le texte.

E. Page 215, l. 12 – page 221, l. 15

1. Le soir du jour où elle a été trahie, Sakina trouve le temps de se confier à son journal intime et décrit les évènements depuis son mariage. Racontez à sa place.
2. « Le miel était amer. » (p. 215, l. 20) Expliquez cette phrase à l'aide du texte.
3. Indiquez le(s) motif(s) du cheikh. Tenez compte de son caractère (cf. A, ex. 3).
4. Comment le narrateur génère-t-il l'effet de surprise auprès du lecteur ? Analysez le dénouement de la nouvelle en tenant compte de la structure de la nouvelle et de la perspective narrative.
5. Jugez le comportement de Fawaz tout en vous demandant s'il a préparé sa « mission » dès le début.
6. Rédigez la lettre que le prince fait écrire à Sakina (cf. p. 221, ll. 12 – 15).

Annexe

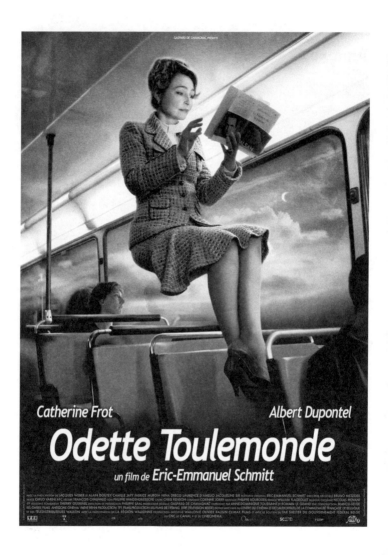

Charles Baudelaire
À une passante

La rue assourdissante[1] autour de moi hurlait.
Longue, mince, en grand deuil[2], douleur majestueuse,
Une femme passa, d'une main fastueuse[3]
Soulevant, balançant le feston[4] et l'ourlet[5] ;
Agile et noble, avec sa jambe de statue.
Moi, je buvais, crispé[6] comme un extravagant,
Dans son oeil, ciel livide[7] où germe l'ouragan[8],
La douceur qui fascine et le plaisir qui tue.
Un éclair… puis la nuit ! – Fugitive[9] beauté
Dont le regard m'a fait soudainement renaître,
Ne te verrai-je plus que dans l'éternité ?
Ailleurs, bien loin d'ici ! trop tard ! jamais peut-être !
Car j'ignore où tu fuis, tu ne sais où je vais,
Ô toi que j'eusse aimée[10], ô toi qui le savais !

1   assourdissant/e: ce qui rend sourd/e
2   le deuil: Trauer
3   fastueux/-euse: richement décoré/e
4   le feston: besticktes Kleidungsstück
5   l'ourlet *m.*: Saum
6   crispé/e: tendu/e
7   livide: pâle
8   l'ouragan *m.*: Orkan
9   fugitif/-ive: ce qui passe vite
10   toi que j'eusse aimée: du, die ich geliebt hätte

Bernard Friot
Lettre à l'auteur

Monsieur,

Je vous écris pour vous dire que j'ai beaucoup aimé
votre livre. Et je ne suis pas la seule : à la maison,
tout le monde l'a adoré. Surtout Anita, ma petite sœur.
Elle le traîne[1] partout avec elle.

Elle couche même avec. Et quand elle prend un bain,
elle le jette dans la baignoire. Elle dit que c'est un
sous-marin.

Mes parents, eux, l'ont trouvé tellement bien qu'ils
en ont acheté chacun une dizaine d'exemplaires. Ils
se les envoient à la figure[2] quand ils ont une scène
de ménage[3]. Ils disent que c'est bien mieux que des
assiettes, parce que ça ne se casse pas et que ça peut
resservir plusieurs fois.

Moi, dans votre livre, ce que je préfère, c'est la page
142. C'est là que j'élève mes asticots[4] pour la pêche.
J'ai tartiné[5] toute la page avec du Camembert et j'ai
attendu que ça moisisse[6]. Les asticots adorent.

---

1   traîner qc: *fam.* etw. mitschleppen
2   la figure: le visage
3   la scène de ménage: la dispute
4   l'asticot *m.*: Made
5   tartiner qc: (Brot) bestreichen
6   moisir: schimmeln

Finalement, il n'y a que mon grand-père qui n'aime pas votre livre. C'est de sa faute aussi: il l'a lu. Quelle drôle d'idée.

Avec toute mon admiration.

Elodie

(Bernard Friot: *Nouvelles histoires pressées*. Paris 1992, p. 113–114.)

Sujets d'étude

1. Résumez l'histoire.
2. Quel est le message de la lettre ?
3. Analysez les techniques narratives.
4. Expliquez le rapport entre cette histoire et la nouvelle
   a) « Odette Toulemonde »,
   b) « Wanda Winnipeg ».

Jacques Sternberg
La vengeance[1]

Ils étaient amants depuis quelques mois.

Ils allaient souvent l'un à la rencontre de l'autre, elle
dans sa puissante voiture qu'elle conduisait en virtuose,
lui sur son vélomoteur[2] qu'il maîtrisait[3] depuis de longues
années. Ce décalage[4] était assez incongru[5], puisqu'il avait   5
largement l'âge d'être son père, mais indifférent à la bagnole[6]
il n'avait jamais appris à conduire alors qu[7]'elle considérait
le deux-roues[8] avec nostalgie, comme un souvenir de son
adolescence.

A part cela, il l'aimait d'un amour sauvage, féroce[9],   10
désespéré, parce qu'elle seule le faisait encore bander[10] et il
savait qu'elle ne pourrait être que son dernier amour.

Mais un jour, après un bref rendez-vous, elle lui annonça
dans la rue qu'elle avait pris un amant de son âge et qu'elle
ne le verrait plus.   15

Il demeura[11] silencieux, sans réaction, prit son vélomoteur
et lui dit simplement alors qu'elle se glissait[12] dans sa
voiture :

---

1 la vengeance: Rache
2 le vélomoteur: le vélo avec un petit moteur
3 maîtriser qc: etw. beherrschen
4 le décalage: la différence
5 incongru/e: unpassend, unerhört
6 la bagnole: *fam.* la voiture
7 alors que: pendant que
8 le deux-roues: Zweirad
9 féroce: sauvage
10 bander: *fam.* avoir une érection
11 demeurer: rester
12 se glisser: *hier* schlüpfen

— Je t'ai si souvent suivie à mobylette[1] ; là, je vais t'ouvrir la route comme un motard[2].

Il démarra[3] avant elle, il la précédait[4] d'une dizaine de mètres dans une rue déserte[5], il roulait assez vite quand très brutalement, sans prévenir[6], il fit une embardée[7] bien calculée pour se faire faucher de plein fouet[8] par la voiture de son amie qui n'eut même pas le temps de freiner[9] et plaqua[10] son amant dans la mort sur le coup[11], sous la violence du choc.

Elle ne s'en remit[12] jamais.

(Jacques Sternberg: *Contes griffus*. Paris, Éd. Denoël 1993, p. 125)

Sujets d'étude

1. Résumez le conte en quelques phrases.
2. Expliquez pourquoi l'homme se comporte de cette façon.
3. Comparez la vengeance du protagoniste de ce conte avec celle du cheikh de « L'amour fou ».
4. Jugez le comportement de l'homme.

---

1 la mobylette: le vélomoteur (cf. p. 230, note 2)
2 le motard: Polizist auf Motorrad
3 démarrer: commencer à rouler, mettre le moteur en marche
4 précéder qn: *ici* rouler devant qn
5 désert/e: vide
6 prévenir qn: informer qn
7 faire une embardée: einen Schlenker machen, sich drehen
8 se faire faucher de plein fouet *m.*: sich mit voller Wucht überfahren lassen
9 freiner: arrêter la voiture
10 plaquer qn dans la mort: *fam.* tuer qn
11 sur le coup: tout de suite
12 se remettre de qc: sich von etw. erholen

Qu'est-ce que les « crimes d'honneur[1] » ?

Le « crime d'honneur », crime commis contre des femmes
au nom de l'honneur, constitue un ensemble de violences –
dont le meurtre[2] en est la forme la plus extrême – infligé[3]
aux femmes par les membres de leurs familles.

Il s'agit de les punir[4] pour un « comportement immoral » :   5
par exemple une simple discussion avec un voisin de sexe
masculin.

Ces familles doivent sauver leur « honneur » en punis-
sant la coupable ; ce crime ressemble étroitement à la
« vengeance dans le sang[5] ».   10

Ainsi meurent ou sont mutilées[6] chaque année des milliers
de femmes et de filles, pour sauver l'honneur et laver dans le
sang ce que considèrent la famille et la communauté comme
une offense ; et ce dans un grand nombre de pays. […]

Ces punitions prennent des formes diverses : ces femmes   15
sont reniées[7] par leur famille, elles sont coupées de leur
environnement social et risquent d'être exploitées. Elles

---

1   le crime d'honneur *m.*: Ehrenverbrechen
2   le meurtre: Mord
3   infliger qc à qn: jdm. etw. auferlegen
4   punir qn: jdn. bestrafen
5   la vengeance dans le sang: Blutrache
6   mutiler qn: jdn. verstümmeln
7   renier qn/qc: refuser de reconnaître comme sien

sont enlevées[1], menacées. Beaucoup d'entre elles sont torturées[2], mutilées et défigurées[3] à vie ou immolées[4].

Dans la plupart des cas, les meurtres et les mutilations sont commis par le mari, le père ou le frère de la femme qu'il considère comme coupable. La famille considère qu'elle a sali[5] leur honneur et doivent donc être punie pour cette offense. Le fait que les femmes soient considérées comme un objet, une propriété[6] contribue à cette forme de violence. Ces crimes sont commis dans tous les milieux, et ne concernent pas seulement les régions rurales[7], mais également les villes et les milieux « éduqués[8] ». [...]

Les crimes d'honneur sont alors commis si une femme est soupçonnée d'avoir eu des relations sexuelles en dehors du mariage, si elle a exprimé le souhait d'épouser l'homme de son choix : cette attitude constitue un défi[9] grave car c'est le père qui doit négocier le mariage et qui reçoit une compensation[10] en échange de sa fille. Pour la communauté, lorsqu'une femme demande le divorce cet acte est un défi public. Enfin, une femme victime d'une agression sexuelle est considérée comme coupable[11]. L'homme à qui elle « appartenait » est la victime ; la femme agressée a déshonoré[12] sa famille et l'honneur doit être lavé.

---

1 enlever qn: jdn. entführen
2 torturer qn: jdn. foltern
3 défigurer qn: rendre (le visage de) qn méconnaissable
4 immoler qn: jdn. zum Opfer darbringen
5 salir: rendre sale
6 la propriété: Eigentum
7 rural/e: de campagne *f.*
8 les milieux éduqués: gebildete Kreise
9 le défi: Herausforderung
10 la compensation: Ausgleich, Entschädigung
11 coupable: schuldig
12 déshonorer qn: → honorer qn, l'honneur *m.*

La vie de ces femmes est ainsi régie[1] par des traditions discriminatoires qui impliquent[2] une séparation stricte des sexes, et une soumission[3] aux hommes. La vulnérabilité[4] des femmes est renforcée par le peu de lieux de refuges[5] dans ces pays.

En outre, la quasi-totalité de ces crimes restent impunis[6]. […]

(*Texte adapté de* http://www.amnesty.fr/index.php?/amnesty/ agir/campagnes/femmes/droits_des_femmes/crimes_d_honneur)

Sujets d'étude

1. Exposez ce qu'on entend par « un crime d'honneur ».
2. Examinez de plus près la position de la femme qui se traduit par ces traditions et pratiques.
3. Voyez-vous des parallèles avec la nouvelle « L'amour fou » de Ben Jelloun ? Justifiez votre opinion.

---

1 régir qc: déterminer qc (bestimmen)
2 impliquer qc: etw. miteinbeziehen
3 la soumission: Unterwerfung
4 la vulnérabilité: Verwundbarkeit
5 le lieu de refuge *m*.: Zufluchtsort
6 impuni/e: ce qui n'est pas condamné/e, → punir qn

La mobile dépendance – nous sommes tous accros[1] !

Proposé par *Edouard Dewulf*

Ce billet[2] constitue un petit écart[3] aux sujets classiques de mobile commerce ou marketing mobile mais en avançant sur mon mémoire de fin d'étude, j'ai voulu faire une petite parenthèse sur la mobile dépendance ! Nous y sommes
5 inconsciemment[4] tous accros et en y pensant ça fout les boules[5] ! En effet, de récentes études sociologiques effectuées par l'AFOM (Association française des opérateurs mobiles) montrent que les terminaux mobiles[6] ont vraiment changé nos vies. Outre[7] un objet futile[8] mais efficace, le
10 terminal mobile est surtout devenu indispensable et cela extrêmement vite. Il est courant de résumer un objet à une génération or[9] ce petit objet n'a pas mis un tiers de génération à envahir nos poches. Inconsciemment, nous nous sommes créés une « mobile dépendance ».
15 L'utilité première, à savoir téléphoner, est dépassée depuis maintenant plusieurs années. Les applications annexes[10] peuvent se compter par dizaine : calculatrice, jeux, alarme, chronomètre, et même « montre virtuelle » au

---

1 l'accro(ché/e): qui est dépendant/e (d'une drogue)
2 le billet: la petite note, l'information brève
3 l'écart *m.*: la contradiction
4 inconsciemment: → conscient/e, la conscience
5 ça fout les boules: *fam.* cela fait peur
6 le terminal: *ici* l'appareil *m.*
7 outre: en plus de
8 futile: inutile
9 or: *ici* mais
10 l'application *f.* annexe: *etwa* Nebenfunktion

236 Annexe

point que les bijoutiers[1] s'en inquiètent au vue de la baisse permanente des ventes de montres. Le téléphone mobile est devenu un tel phénomène de société que l'on est maintenant obligé de prendre position. Les réfractaires[2] se taisent ou le revendiquent comme choix idéologiques. 5

Plus qu'un objet commun, il fait parti de nos conversations de tous les jours et nous crée souvent des anecdotes à raconter. Regardez autour de vous, c'est le seul appareil électronique que l'on a toujours avec soi et pas forcément[3] par nécessité mais par besoin. Il n'est plus choquant depuis bien 10 longtemps d'avoir son portable allumé[4] en pleine réunion et même maintenant en salle de classe pour les plus jeunes. Et la conversation ? Souvent seul le besoin de ne pas se sentir seuls fait communiquer les gens. Nous échangeons donc peu d'information mais nous sentons beaucoup d'affirmation. 15 De là sort le nouveau nom du portable : le Téou. Car quand les gens commencent une conversation téléphonique ils débutent par : « allo téou ? ».

Je suis sûr qu'après avoir lu ces quelques lignes, vous vous dites : « Mais non même pas vrai, je suis pas accro, je 20 peux m'en passer pendant une semaine sans problème »… allez-y essayez ! Je vous mets au défi[5] de vous en passer, ne serait-ce que quelques jours.

(*Texte adapté de* http://www.mobile-commerce.fr/
mobile-dependance-nous-sommes-tous-accros)

---

1 le bijoutier: qui produit et vend des bijoux *m. pl.* et
des montres *f. pl.*
2 le/la réfractaire: qui résiste à une marque d'autorité *f.*/à une
décision imposée/à une influence
3 forcément: zwangsläufig
4 allumé/e: ≠ éteint/e
5 mettre qn/qc au défi de qc: jdn. zu etw. herausfordern

Sujets d'étude

1. Exposez le problème dont parle cet article.
2. « Il est courant de résumer un objet à une génération [...]. » Donnez des exemples qui soutiennent cette thèse.
3. « Le téléphone mobile est devenu un tel phénomène de société que l'on est maintenant obligé de prendre position. » Dégagez et comparez les positions différentes des protagonistes dans la nouvelle « Petites pratiques germanopratines ».
4. Êtes-vous accros ? Pourriez-vous vous en passer de votre portable pendant une semaine ? Parlez de vos expériences personnelles.

Patricia Kaas
Mon mec à moi

Il joue avec mon cœur,
Il triche[1] avec ma vie
Il dit des mots menteurs,
Et moi je crois tout c'qu'il dit
Les chansons qu'il me chante,   5
Les rêves qu'il fait pour deux
C'est comme les bonbons menthe[2],
Ça fait du bien quand il pleut
Je m'raconte des histoires,
En écoutant sa voix   10
C'est pas vrai ces histoires,
Mais moi j'y crois.

Mon mec à moi,
Il me parle d'aventures
Et quand elles brillent dans ses yeux   15
J'pourrais y passer la nuit
Il parle d'amour,
Comme il parle des voitures
Et moi j'l'suis[3] où il veut
Tellement je crois tout c'qu'il m'dit   20
Tellement je crois tout c'qu'il m'dit,
oh oui, mon mec à moi…

1 tricher: tromper qn, faire semblant de faire qc
2 la menthe: (Pfeffer)Minze
3 j'l'suis: je le suis (→ suivre qn)

Sa façon d'être à moi,
Sans jamais dire je t'aime
C'est rien qu'du cinéma,
Mais c'est du pareil au même[1]
5 Ce film en noir et blanc,
Qu'il m'a joué deux cents fois
C'est Gabin[2] et Morgan[3],
Enfin ça ressemble à tout ça
j'm'raconte des histoires,
10 Des scénarios[4] chinois
C'est pas vrai ces histoires,
Mais moi j'y crois

Mon mec à moi
[...]

(Paroles: D. Barbeliven / F. Bernheim)

Sujets d'étude

1. Indiquez les activités différentes de l'homme.
2. Présentez les pensées de la femme quant à ces activités.
3. Caractérisez la relation entre l'homme et la femme.
4. Comparez cette relation avec celle du couple dans « Cet homme et cette femme » d'Anna Gavalda.
5. La parole est d'argent, le silence est d'or. Est-ce qu'il est important de dire « je t'aime » dans une relation amoureuse ? Discutez.

---

1 c'est du pareil au même: *loc. etwa* das ist Jacke wie Hose
2 Jean Gabin: acteur français très célèbre (1904–1976)
3 Michèle Morgan: actrice française très célèbre (née en 1920)
4 le scénario: le texte de base pour un film ou une pièce de théâtre

Anna Gavalda

Écrivain française, née en 1970 à Boulogne-Billancourt près de Paris. Professeur de français au collège Nazareth à Voisenon en Seine-et-Marne, elle obtient en 2000 le Grand Prix *RTL-Lire* pour son premier recueil de nouvelles *Je voudrais que quelqu'un m'attende quelque part* publié par Le Dilettante auquel appartiennent les six nouvelles de cette anthologie. Son roman *Ensemble c'est tout* s'est vendu à 2 040 000 exemplaires (version cinématographique en 2007 par Claude Berri).

Anna Gavalda est mère de deux enfants et vit à Melun.

Éric-Emmanuel Schmitt

Né en 1960. En quelques années il devient un des auteurs francophones les plus lus dans le monde. Il se fait d'abord connaître au théâtre et désormais, son œuvre est jouée dans plus de quarante pays. En Allemagne, il est surtout connu pour sa trilogie : *Monsieur Ibrahim et les fleurs du Coran, Oscar et la dame rose* et *L'Enfant de Noé*.

Les nouvelles de cette anthologie sont extraites du recueil de nouvelles *Odette Toulemonde et autres histoires* qui présente huit destins de femmes à la recherche du bonheur (version cinématographique en 2007).

Il vit actuellement à Bruxelles.

Tahar Ben Jelloun

Écrivain et poète marocain francophone, Tahar Ben Jelloun (né en 1944) passe son adolescence à Tanger puis fait des études de philosophie à Rabat. Lorsqu'éclatent les manifestations étudiantes en 1965, il est soupçonné de les avoir organisées et envoyé dans un camp disciplinaire en 1966. C'est là qu'il commence à écrire en secret. Après sa libération en 1968, il reprend ses études puis devient professeur de philosophie. Mais suite à l'arabisation de l'enseignement, il doit bientôt rejoindre la France (1971) où il commence sa collaboration au journal *Le Monde*. Il publie de nombreux ouvrages avant d'être consacré, en 1987, par le prix Goncourt pour son roman *La Nuit sacrée*.

Il intervient notamment dans les problèmes de société tels que la situation des banlieues ou le racisme.

Du même auteur (1997) : *Le Racisme expliqué à ma fille*. Cornelsen Verlag, ISBN: 978-3-464-07927-0.